加密经济学

引爆区块链新时代

龚健 徐威 阳昊 张森 行走的翻译C 方媛媛 ◎编著

CRYPTOECONOMICS
UNLOCK THE NEW ERA
OF BLOCKCHAIN

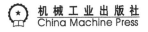

图书在版编目（CIP）数据

加密经济学：引爆区块链新时代 / 龚健等编著 . —北京：机械工业出版社，2019.1（2025.1 重印）

ISBN 978-7-111-61590-3

I. 加… II. 龚… III. 电子商务 – 电子支付 IV. F713.361.3

中国版本图书馆 CIP 数据核字（2018）第 281827 号

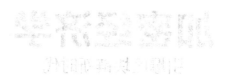

加密经济学：引爆区块链新时代

出版发行：	机械工业出版社（北京市西城区百万庄大街 22 号　邮政编码：100037）
责任编辑：	罗丹琪
责任校对：	殷　虹
印　　刷：	北京文昌阁彩色印刷有限责任公司
版　　次：	2025 年 1 月第 1 版第 4 次印刷
开　　本：	147mm×210mm　1/32
印　　张：	5.75
书　　号：	ISBN 978-7-111-61590-3
定　　价：	59.00 元

凡购本书，如有缺页、倒页、脱页，由本社发行部调换

客服热线：（010）88379426　88361066　　　投稿热线：（010）88379604
购书热线：（010）68326294　88379649　68995259　读者信箱：hzit@hzbook.com

版权所有 · 侵权必究
封底无防伪标均为盗版　本书法律顾问：北京大成律师事务所　韩光 / 邹晓东

FOREWORD
推荐序

为什么要读这本书?

从 2014 年投资 OKCoin 开始算起,我接触区块链已经有 4 年了。在这期间,OKCoin(OKEx)已经成为全球最大的数字货币交易所之一,但我必须说,我是从 2017 年年底创办火星财经开始,才真正在区块链世界找到感觉的。

很多人不能一眼看到区块链的巨大机会。因为区块链足够颠覆,足够复杂,它看上去是 20 年前"去中心化互联网"的升级版,好像只是一个技术创新。但事实上,区块链建立了一个新的信任体系,并由此把技术、经济、文化乃至人性裹挟进来,把一切链化,打一个比方,它更像八爪鱼。我相信这是一次远大于互联网的机会,这是一次"掀桌子"的机会。

对这样一个复杂和全新的事物，单从技术角度理解已经完全不够了。所以，在火星财经的社群里，很多人讨论问题稍一深入，就会进入货币学、经济学范畴，甚至哲学和神学也经常被纳入讨论议题。

当下，"比特币""区块链""智能合约""挖矿"这些名词已经走入大众的视线。很多人关注区块链技术是由于加密数字货币市值的暴涨，而非体会到区块链技术颠覆了我们已有的认知，并将要带来一场全新的革命。

我很喜欢"加密经济学"这个提法，我相信这个尚未被大家所熟知的名词，将会在区块链中占有相当重要的地位。本书的作者之一龚健，是比特币社区的早期参与者，2011年开始接触挖矿，也是《哈佛商业评论》和《华尔街见闻》等的专栏作家。他所著的这本书比较系统地梳理了区块链衍生的经济模式的架构和来龙去脉，是一本科普类的加密经济学书籍。书中用通俗易懂的语言，讲述了加密经济学及与其相关联的博弈论和行为经济学等。

区块链通过技术解决信任问题，而加密经济学的机制被写成代码之后，能通过一系列的奖励和惩罚措施来约束区块链上每个人的行为，这是一种伟大的创新机制，自动、安全、有共识。

我相信未来关于加密经济学的讨论会更多、更深入，加密经济学对于区块链的影响也会越来越大，让我们共同期待那一天的到来。

王峰，蓝港互动集团 (HK.8267) 创始人、
火星财经发起人、极客帮创投合伙人

PREFACE
前言

加密经济学如何引爆区块链新时代

相信你对"区块链"已经再熟悉不过了。区块链技术颠覆了我们已有的认知,并将带来一场全新的革命。

加密经济学是一个不被大家所熟知的名词,但是它在区块链中的地位相当重要。以太坊社区开发者弗拉德·赞菲尔(Vlad Zamfir)对这一术语进行了解释:这是一门独立的学科,旨在研究去中心化数字经济学中的协议,这些协议被用于管理商品及服务的生产、分配和消费。它也是一门实用科学,重点研究对这些协议的设计和界定方法。

本书比较系统地梳理了区块链衍生的经济模式的架构和来龙去脉,用实际案例说明了加密经济学与区块链的必然联系。

区块链通过技术解决信任问题,而加密经济学的机制被写成代码之后，能通过一系列的奖励和惩罚措施来约束区块链上每个人的行为，这是一种伟大的创新机制。加密经济学的最大意义在于保证去中心化共识系统的安全、稳定、积极和有序。这里面我们提到了四个词语，其中安全和稳定主要依靠密码学机制来实现，而积极和有序则依靠经济学机制来实现。

本书还对当前最流行的各种共识算法和这些共识算法的优化机制进行了详细探讨，对有志于参与区块链浪潮的朋友来说，非常有参考意义。同时，本书还探索了博弈论、行为经济学这些经济学机制在区块链上的映射，也列举了一些浅显易懂的例子，以帮助大家轻松理解。

CONTENTS 目 录

推荐序
前言　加密经济学如何引爆区块链新时代

第 1 章　什么是加密经济学　001

1.1　密码学基础　002
1.2　经济学基础　013

第 2 章　共识机制　021

2.1　拜占庭将军问题　024
2.2　CAP 理论　027
2.3　PoW（工作量证明）机制　030
2.4　PoS（权益证明）机制　041
2.5　LPoS（租赁权益证明）机制　044

2.6　DPoS（委托权益证明）机制　　　　　　044

第 3 章　优化版的共识机制　　　　　　047

3.1　PoW 的优化版　　　　　　048
3.2　PoS 的优化版　　　　　　061
3.3　PBFT 的优化版：联邦拜占庭协议　　　　　　083
3.4　其他：Algorand 协议　　　　　　089

第 4 章　博弈论与加密经济学　　　　　　093

4.1　博弈论是什么　　　　　　094
4.2　纳什均衡　　　　　　097
4.3　谢林点　　　　　　099
4.4　有限理性模型　　　　　　100
4.5　博弈论机制设计与共识机制　　　　　　101
4.6　博弈论机制设计与区块链安全　　　　　　102
4.7　以博弈论为基础的共识机制前瞻——
　　　以太坊 Casper 共识算法　　　　　　105

第 5 章　行为经济学与加密经济学　　　　　　109

5.1　行为经济学与传统经济学：非理性与理性　　　　　　110
5.2　区块链世界中的行为经济学　　　　　　111
5.3　行为经济学与加密经济学的交集　　　　　　133

第 6 章　加密经济学与区块链安全　　135

6.1　女巫攻击　　137

6.2　分叉：软分叉和硬分叉　　142

6.3　P+Epsilon 攻击　　147

6.4　DAO 攻击　　152

6.5　零知识证明　　156

第 7 章　加密经济学的未来　　163

参考文献　　172

第 1 章

什么是加密经济学

什么是加密经济学？以太坊社区开发者弗拉德·赞菲尔说：

"加密经济学是一门独立的学科，旨在研究去中心化的数字经济中管理商品和服务生产、分配及消费的协议。加密经济学是一门专注于这些协议的设计和特性的实用科学。"

如果把加密经济学的概念分解一下，正如其名，它来源于两个词汇：密码学（Cryptography）和经济学（Economics）。

1.1 密码学基础

古典密码学主要关注信息在保密形式下的书写和传递，以及与其相对应的破译方法。而现代密码学则起源于 20 世纪末出现的大量相关密码理论,是数学和计算机科学的分支,同时大量涉及信息论。现代密码学不只关注信息保密问题,还同时涉及信息完整性验证,信息发布的不可抵赖性(即数字签名),以及在分布式计算中产生的来自内部和外部攻击的所有信息安全问题。

现代密码学的发展促进了计算机科学的发展。如今,密码学已被应用在日常生活中,包括ATM的芯片、计算机访问密码、电子商务等领域。

区块链技术中使用了多项密码学内容,主要包括**哈希算法、密钥加密和数字签名**。

1.1.1 哈希算法

哈希(Hash)函数有多种叫法,如密码散列函数、消息摘要函数、杂凑函数,它不一定使用密钥,但它和许多重要的密码算法相关。它将输入数据(通常是一整份文件)输出成较短的固定长度散列值,这个过程是单向的,两个不同的输入产生相同的散列值这种情况的发生概率非常小。

简而言之，哈希算法是将任意长度的字符串映射为较短的固定长度的字符串。例如，比特币使用的是 SHA-256 摘要算法，对任意长度的输入给出的是 256 位的输出。

那么，加密货币中哈希算法的应用有哪些呢？

1. 加密哈希函数

加密哈希函数有如下特性。

- 确定性：无论在同一个哈希函数中解析多少次，如果输入的内容相同，得到的总是相同的输出。
- 高效运算：计算哈希值的过程是高效的。
- 抗原像攻击，即隐匿性：对一个给定的输出结果，不可逆推出输入。
- 细微变化影响：任何输入端的细微变化都会对哈希函数的输出结果产生剧烈影响。

加密哈希函数对区块链的安全性和挖矿有巨大的作用。

2. 数据结构

密码学中，有两种数据结构对于理解区块链非常重要:链表和哈希指针。

链表是依次按顺序连接而成的数据区块,如图1.1所示。

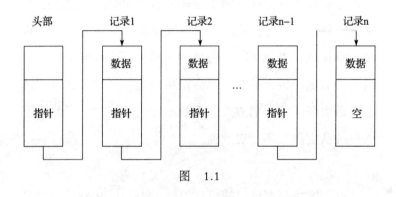

图 1.1

链表中的每一个区块都通过指针指向另一个区块。

区块链本质上是一个链表,其中的每个新区块都包含一个哈希指针。指针指向前一区块及其含有的所有数据的哈希值。正因如此,区块链拥有了不可更改的重要特性。

那么,区块链是如何实现不可更改性的呢?

假设有人尝试篡改区块中的数据,我们先看加密哈希函数的第三条特性——"细微变化影响：任何输入端的细微变化都会对哈希函数的输出结果产生剧烈影响。"那么，即便有人尝试对1号区块里的数据进行细微的改写，也会使得存储在2号区块里的1号区块的哈希值产生巨大的变化，这将导致2号区块的哈希值发生变化，进而影响存储在3号区块的哈希值。3号影响4号，4号影响5号……最终整条区块链上的数据都会发生变化。这种通过冻结整条链条来修改数据的方式几乎是不可能做到的。因此，区块链被认定具有不可更改性。

每个区块都有自己的梅克尔根（Merkle Root）。如图1.2所示，如果每个区块里都包含多笔交易，将这些交易按线性存储，那么在所有交易中寻找一笔特定的交易会变得非常麻烦。这就是我们使用梅克尔树的原因。

如图1.3所示，在梅克尔树中，所有个体交易通过哈希算法都能向上追溯至同一个根，这会使搜索变得非常容易。因此，如果想要在区块里获取某一特定的数据，我们可以直接通过梅克尔树里的哈希值来进行搜索，而不用进行线性访问。

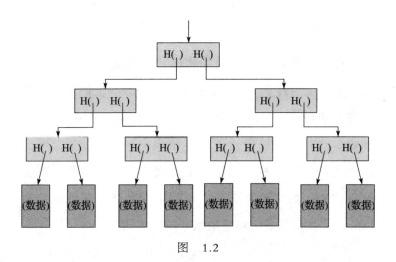

图 1.2

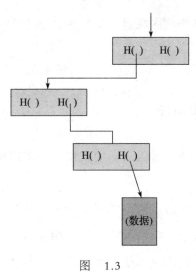

图 1.3

3. 挖矿

哈希算法对挖掘新的加密区块至关重要，其工作原理是难度值的调整。一个被命名为"nonce"的随机字符串被添加到新区块的哈希值上，然后被再次哈希。接着，检验其是否低于已设定的难度值水平。如果低于，那么产生的新区块会被添加至链上，而负责挖矿的矿工就会获得奖励。如果没有低于，则矿工继续修改随机字符串"nouce"，直至低于难度值水平的值出现。

所以，没有密码学中的哈希算法，就没有加密货币的挖矿，哈希算法是区块链和加密经济学中一个至关重要的部分。

1.1.2 密钥加密

密钥加密包括对称密钥加密和公开密钥加密。

对称密钥加密是密码学中的一种加密法。如果转换数据中的一个数字、字母或字符串随机字母，密钥便会以特定的方式变更数据里面的文字或字母，例如，更换字母相对位置（one 变成 neo）。只要寄件者与收件者知道秘密密钥，他们就可以加密和解密数据，并使用这个数据。

公开密钥加密，简称公钥密码学，又称非对称密钥密码学，是密码学中的另一种加密法。相对于对称密钥密码学，其最大的特点在于加密和解密使用不同的密钥。使用加密密钥加密后所获得的数据，只有用该用户的解密密钥才能够解密。如果知道了其中一个，并不能计算出另外一个。因此如果公开了其中一个密钥，并不会危及另外一个，公开的密钥为公钥，不公开的密钥为私钥。

在对称密钥密码学中，加密和解密使用相同的密钥，也许对不同的消息使用不同的密钥，但都面临密钥管理的难题。由于每对通信方都必须使用异于他组的密钥，当网络成员的数量增加时，密钥数量呈二次方增加。更尴尬的难题是：当双方不存在安全的通道时，如何创建一个共有的密钥以安全通信？如果有通道可以安全地创建密钥，为何不使用现有的通道？这真是个"鸡生蛋、蛋生鸡"的矛盾。

1.1.3 数字签名

公开密钥密码学最显著的成就是实现了数字签名。数字签名是公开密钥基础建设（public key infrastructures，PKI），以及许多网络安全机制（SSL/TLS，虚拟专用网等）的基础。顾名思义，数字签名就是日常生活中普通签名的数字化，特性是他人可以轻易制造签名，却难以仿冒。数字签名可以永久地与被签署消息结合，无法自消息上移除。

数字签名大致包含两个算法：一个是签署，使用私密密钥处理消息或消息的散列值而产生签名；另一个是验证，使用公开密钥验证签名的真实性。RSA 和 DSA 是两种最流行的数字签名机制。

想象一下，在现实生活中，我们为什么签名，签名的作用是什么，又有哪些特性？

- 签名是可被验证的。要可以证明确实是你的笔迹。
- 签名是不可伪造的。没有其他人能够伪造你的签名。
- 签名是不可抵赖的。如果你使用自己的签名签署文件，那这个文件的有效性将无法收回，你也无法声称是他人代替你签的名。

但是，在现实生活中，无论签名有多复杂，都有被伪造的可能性。因为你无法通过简单的视觉辅助工具（如笔迹鉴定）来真正地验证签名的有效性，这样做既无效率也不可靠。

密码学给了我们一种通过公钥和私钥来解决问题的方案。让我们看看这两种密钥的工作原理和其对加密货币系统的促进作用。

假设有两个人，A 和 B。A 想要给 B 发送一些非常重要的数据，而 B 想要鉴别这些数据确实来自于 A，他们可以通过使用 A 的公钥和私钥来实现这一目标。正如其名，公钥指公开的密钥，可以被任何人获取。而私钥是个人拥有的密钥，不可以与他人分享。并且，通过某人的私钥来确定其公钥也是不可行的。

再回到 A 给 B 发送数据的话题，他们要使用密钥来交换信息，具体该如何操作呢？

假设 A 想把信息 M 发送出去，A 有一把私钥 K1 和一把公钥 K2。那么，当他把信息发送给 B 时，他会用私钥将该条信息加密，于是信息变成了 K1（M）。当 B 收到这条信息时，他可以使用 A 的公钥来取回信息——K2K1（M），于是便得到了原始信息 M。

综上所述，A 有一条信息 M，当他用私钥 K1 对其进行加密之后，得到加密信息 K1（M）。B 随后使用 A 的公钥 K2 来解密这条加密信息 K2K1（M），从而得到原始信息 M。

通过图 1.4 可以更直观地看到上述过程：

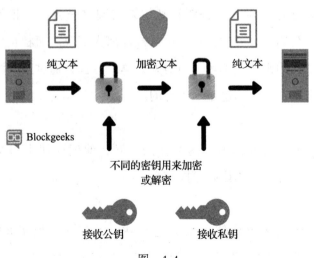

图　1.4

让我们联系日常生活中的签名来重新审视密码学里的数字签名特性。

- 可验证性：如果加密信息能够用 A1 的公钥进行解密，那就可以 100% 确定是 A 发送了该条信息。
- 不可伪造性：如果有其他人 C 拦截了该条信息，并用自己的私钥发送了一条自己的信息，那么 A 的公钥将无法对其解密，因为 A 的公钥只能用来解密 A 用自己的私钥加密过的信息。
- 不可抵赖性：同样，如果 A 宣称，"我没有发送信息，是 C 发的"，但 B 却能够用 A 的公钥来解密信息，那就证明 A 在撒谎。如此，A 就无法收回他之前发出的信息，无法抵赖。

1.2 经济学基础

经济学是个非常庞杂的概念，本书只叙述与加密货币、区块链相关的一些经济学理论。

区块链与其他去中心化点对点系统的区别在于，它给用户提供了金融和经济激励去完成某项工作。和其他牢固的经济系统一样，我们需要通过激励和奖赏的方式让人们去完成工作。同样，如果矿工行为不道德或者不尽职，那就要对矿工采取惩罚措施。

1.2.1 激励

区块链用到了以下两种激励组合。

- **第一种激励组合**：代币 + 特权。

    代币：加密货币作为奖励分配给那些活跃度高，且为区块链做出贡献的参与者。

    特权：参与者可以获得决策权，这将给予他们收取租金的权利。例如，挖出新区块的矿工可以成为新区块的临时决策者，他们将短暂地成为新区块的独裁者，并有权决定将哪些交易添加至该区块。他们可以对收录在区块内的所有交易收取手续费。

- **第二种激励组合**：奖励 + 惩罚。

    奖励：好的参与者可以获得货币奖励，或因尽职而得到决策权。

惩罚：不好的参与者必须支付货币罚款，或因作恶而丧失权利。

1.2.2 惩罚

就像其他任何一个有效的经济系统一样，加密货币中也存在正向激励和负向激励。想象如图 1.5 所示的收益矩阵，其中参与者的收益很高，则其对社会的影响度也非常高。

	B 不犯罪	B 犯罪
A 不犯罪	（1，1）	（1，4）
A 犯罪	（4，1）	（4，4）

图 1.5

假设有 A 和 B 两个人，他们都将要犯罪。现在，根据收益矩阵，当他们犯罪时，他们的收益都很高。因此他们可能都会选择去犯罪，虽然这在逻辑上是说得通的，但会带来非常恶劣的社会影响。如果世界上所有人都被个人贪婪所驱动，那么世界将变得非常可怕。所以，人类应该如何应对所有人选择作恶的情况呢？答案是引入惩罚机制。

假设我们有一个系统，每当有 –0.5 个公共设施从公众手里被取走，就要相应的对任何犯罪的人记录 –5 个的惩罚。那么，将惩罚因子加入上面的收益矩阵中，再观察图 1.6 的变化。

	B 不犯罪	B 犯罪
A 不犯罪	（1, 1）	（1, –1）
A 犯罪	（–1, 1）	（–1, –1）

图 1.6

如图所示，收益发生了巨大变化，不犯罪才是最佳策略。现在，惩罚的代价是高昂的，但是社会毕竟损失了 0.5 个公共设施。这样就会出现所有人都不作为的情况，那是什么激励着社会上所有人都参与进来呢？答案是，将惩罚作为针对每个人的强制措施，即任何一个没有参与的人也会被惩罚。比如说，用税收供养的警力，警察可以惩罚罪犯，但公共设施的损失会以税收的形式从公众手里取走。任何参与但没有付税的人，都会被认作为是罪犯并受到惩罚。

在区块链世界里，任何不遵守规则并且非法开采的矿工都会受到惩罚，他们会被剥夺特权和承受被社会排斥的风险。一旦权益证明被采用后，这种惩罚会变得更加严厉。通过使用简单的博弈论和惩罚系统，矿工们就能保持诚信。

1.2.3　供求

在这样的激励和惩罚措施下，加密货币如何实现价值呢？加密货币和普通货币拥有价值的原因大体上是一样的，即基于信任。当人们信任某一种商品并赋予其价值时，它就成为一种通货。这就是起初法币和黄金有价值的原因。因此，当某个给定的商品拥有一个给定的价值时，价值就会随着供求关系而发生改变，供求关系是经济学中最古老的规则。

什么是供求关系？

图 1.7 所示就是供需曲线，也是经济学中最常见的一张图表，从图中可以看到，商品的需求与供应呈反比关系。两条曲线的交汇处是均衡点，那么，让我们用这个逻辑来观察一下加密货币，比如说比特币。

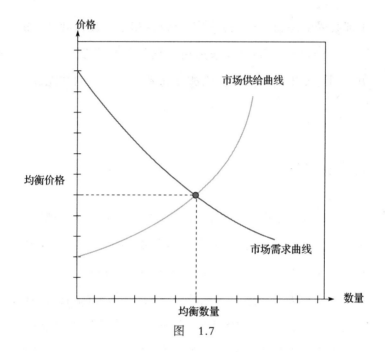

图 1.7

比特币的发行总量固定在 2100 万枚,这是所有比特币的市值。由于总量是固定的,那么当涉及比特币的供应时,有几件事必须要考虑清楚。首先,需要制定一些规则来使比特币的挖矿变得逐渐困难。否则,矿工们将会肆意挖矿,把剩余的比特币全部开采出来,并投放至市场,从而降低整体价值。

为了确保矿工们不会马上把所有剩余的比特币都开采

出来，我们需要采用如下手段：

首先，每隔10分钟将一个新的区块添加至链上，每添加一个区块可以获得25枚比特币作为奖励。时间间隔必须是固定的，以确保矿工们不会无规则地在链上持续添加区块。其次，比特币协议要求难度值必须不断地提高。如先前所说，在挖矿过程中，区块的哈希值及其nonce值需要低于某个特定的数值。该数值被称为"难度水平"，通常以数个0作为开头。当难度提高时，0的数量也在增加。有了以上两种方式，挖矿过程变得十分专业，且投入巨大。整个过程确保可以核实市场上所有比特币的供应量，这也同样适用于其他基于工作量证明机制的加密货币。[一]

[一] 本章所有图片来源于 https://blockgeeks.com/guides/what-is-cryptoeconomics/，原作者 Ameer Rosic。

第 2 章

共识机制

2018年2月24日,比特币社区的某发言人在Twitter上发表公开信,呼吁社区修改共识机制。消息一出,引起轩然大波。很多比特币爱好者言辞犀利,称该发言人根本不懂比特币,要求他退位让贤。

为什么提议修改共识机制,会引发整个币圈的激烈讨论呢?让我们先来了解下什么是共识机制。

"共识"二字,想必大家并不陌生。不同的群体能够一起共事,一定是因为有着共同的认知。那么,在区块链的世界里,这个共识具体指什么?为什么要有共识?

提起区块链,大家就会想到"去中心化"这个特征。换种说法,也就是去中介化。我们现在的社会结构存在着银行、淘宝、视频网站等各种第三方中介机构。举个例子,在淘宝购物时,淘宝会根据我们的购物习惯给我们推荐商品,让你忍不住想"剁手"。那么,我们可以跟淘宝商量一下别偷窥我的购物习惯,别给我推荐购物清单吗?不可以。因为淘宝是一个中心化的机构,规则由它制定,无须跟你达成共识。

但是在区块链的世界里,没有中介,规则大家说了算。任何规则的制定、更改等都需要大家一起达成共同认识。但正所谓众口难调,公说公有理,婆说婆有理,因此达成共识是一件很困难的事情。

我们再以淘宝为例。购物时,我付了钱,卖家就要发货,如果卖家耍赖,淘宝只要查看我的购物记录就可以监督卖家赶紧给我发货。一旦没有了淘宝这个中介机构,谁来充当裁判的角色呢?我说我付钱了,并找来我的朋友作证;对方说我没付钱,也找来一群朋友作证。一旦出现这种情况,我到底是付钱了,还是没付钱呢?

因此,必须要有一套可行的方法来达成统一意见,这个方法就叫作共识机制,又称共识算法。

2.1 拜占庭将军问题

1982年,美国计算机科学家莱斯利·兰伯特(Leslie Lamport)提出了拜占庭将军问题。

假设在中世纪时期,拜占庭帝国的10个将军要去围攻一座城池。但这座城池高墙耸立,固若金汤,只有同时发起攻击才能成功攻破。也就是说,10位将军要么同时进攻,要么同时撤退,放弃攻击计划。这需要10位将军坐到一起商讨,但是他们分别位于不同的方位,无法聚集到一起。所以必须有位大臣在中间做传声筒,将每个将军的投票传出去,这10位将军根据投票结果再做出决定。

如果10位将军都诚实守信,问题就简单了。一旦其中有人是叛徒,问题就复杂了。

假设有4个将军投票进攻,4个投票撤退,剩下2个是叛徒。这2个叛徒一边告诉决定进攻的将军他们会进攻,一边告诉决定撤退的将军他们会撤退,就会导致行动无法统一,每一个将军都要小心行事,不能轻易信任他人。

这就是著名的拜占庭将军问题。

10位将军处于不同的方位，构成了一个分布式网络。每个将军又地位平等，怎么保证在没有任何权威又不能互相信任的情况下，就进攻或撤退达成共识呢？

这个问题在提出数十年间，一直得不到解决。

到了1999年，美国计算机科学家卡斯特罗（Miguel Castro）和利斯科夫（Barbara Liskov）提出了一种解决方案——Practical Byzantine Fault-tolerant Algorithm（PBFT），拜占庭容错。所谓"容错"，就是允许一个分布式网络中存在坏人。PBFT算法的核心计算公式为：$N \geqslant 3F + 1$。其中，N表示分布式系统中的总节点，F为有问题节点的最大数量。比如，在拜占庭将军问题中，共10个将军，$N=10$，$F=3$，也就是说只要叛徒人数小于总人数的三分之一，就有达成共识的方法。

具体解决方案如下。

1. 口头传播

将军派人把自己进攻或撤退的信息传播出去，其他9

个将军接收到他的消息,也派人分别转告给其他几个将军。这样一来,每个将军都是信息的转达者,手上都会收到10个信息(进攻或者撤退)。即便有叛徒,只要有一半以上的人说进攻,那么采取进攻行动就是能成功的。但是,在这种口头传播的方式下,每个将军都并不会告知消息的上一个来源是谁,也就是消息不可追根溯源,出现信息不一致也很难找到叛徒是谁。

2. 书面协议

这10个将军,每人写封信给其他9个人。假设将军1写"进攻",并在原信上签字。收到信的其他将军可以验证这确实是将军1的签名。将军2决定也进攻,就在将军1的信件内容上附上自己的投票,写上"进攻",也签上自己的名字。将军3如果也同意进攻,就也在原信上附上"进攻",并签名。

当这封信件上附有6个将军的进攻签名时,就达成一致意见——进攻。

相对于口头协议,书面协议可以查找到信息源,都有哪些将军签署了进攻。如果统一行动时,签署了进攻的将军选择了撤退，那他就是叛徒，会在撤退的时候被处死。

但是这种书面协议也存在一个问题：如何保证一个时间点只有一个将军在信后附上了自己的内容。也就是说，将军1的信在送出去之后，将军2～10中只能有1个将军在后面附上自己的签名，然后再传递给下一个将军。

在现实生活中，一个分布式网络中可不止10个节点。如何设计一个共识机制让大量的节点有序地"签名"呢？

要设计这样一种共识机制，我们必须要遵守分布式网络的基本设计原则——CAP理论。

2.2　CAP理论

"鱼，我所欲也，熊掌亦我所欲也；二者不可得兼，舍鱼而取熊掌者也。"

这是孟子的一句名言，道出了我们在生活中常常要面临的取舍难题。在分布式系统中，CAP理论就是系统设计师们绕不过去的"鱼和熊掌"。

CAP理论是著名计算机科学家埃里克·艾伦·布鲁尔（Eric Allen Brewer）在20世纪90年代末提出的。具体指的是在一个分布式系统中，Consistency（一致性）、Availability（可用性）和Partition Tolerance（分区容错性）三者不可得兼。CAP理论主张任何基于网络的数据共享系统，都最多只能拥有以下三条中的两条。

数据一致性（C）：所有节点访问同一份最新的数据副本，即任何时刻，所有的应用程序都能访问到相同的数据。

服务可用性（A）：健康节点在时限内响应客户端的读写请求，不会一直等待。

能容忍网络分区（P）：所谓分区就是系统不能在通信时限内达成数据一致性。这种情况一旦发生，必须就当前操作在C和A之间做出选择，保证在集群中某些节点失联的情况下，集群仍可继续服务。

我们可以用一张图（见图 2.1）更好地表示三者的关系。

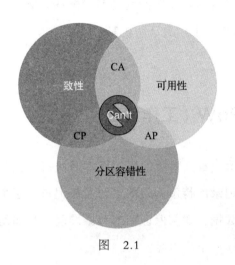

图 2.1

如图所示，要满足 CP，网络分区的情况下为了达成 C，请求只能一直等待，结果无法实现 A；如果要满足 CA，时限内要达到节点状态一致，要求不能出现网络分区，则不能满足 P。要满足 AP，分隔的节点同时对外服务但不能相互通信，将导致状态不一致，不能满足 C。

但事实上，没有哪个分布式系统可以避免网络故障（P）。因此，系统架构师们往往要在满足 CP 和 AP 之间做出选择。

在这一理论的限制下，2008年，比特币的开发者中本聪提出了拜占庭将军问题的终极解决方案——Proof-of-Work（PoW）工作量证明机制。

2.3　PoW（工作量证明）机制

比特币或者其背后的底层技术区块链，就是一个公开的账本，记录比特币网络的实时交易记录。这个账本需要不断更新数据，如何保证账本数据准确？又如何保证全网都只认可这一个账本呢？

我们假设全网共10台电脑，每10分钟就要更新一次账本，那么要以谁的账本为准呢？中本聪给出的答案是每次更新都只听一个人的。听谁的呢？谁完成了工作量就听谁的。这就是PoW（Proof-of-Work，工作量证明）机制。这里的工作量具体指挖矿，即利用电脑算力去解答一个复杂的数学难题。哪个矿工先解决出来，就完成了"工作量"，获得账本的记账权。这个矿工更新账本后，网络上其他人再进行同步更新。

（注意：如果有两个矿工同时完成了工作量，那么就比谁的网速好，谁先传播出去，谁就获得记账权。）

为什么有人愿意去完成工作量，维护比特币账本的一致性呢？

答案就在中本聪的白皮书中："参与挖矿的矿工可以获得比特币奖励。"每个记账权代表50个比特币的奖励，这一数字每四年减半。2009～2012年为50个；2013～2016年为25个；2017～2021年为12.5个。正是这套经济激励政策让更多的矿工参与进来，不断更新账本，共同维护比特币网络的稳定。

中本聪设计PoW的核心理念在于：你可以当叛徒，可以作恶，可以造假账本破坏整个网络的稳定，但是你必须承担相应的代价。在PoW机制下，一个人必须要完成整个网络50%以上的工作量，才能对网络发起进攻，这个成本十分巨大。还不如老实遵守规则，赚点比特币。

比特币诞生10年间，随着网络节点数目的不断增加，发起攻击的成本越来越大，PoW机制已被证实安全可靠。

但是，为了保持账本的一致性（CAP理论中的C）和网络分区（P）情况下有节点掉线等问题出现时系统依旧可以运作，比特币网络在一定程度上牺牲了可用性（A），也有人称这一问题是Latency，即延迟问题。网络一般要等上10分钟，有足够多交易被确认后才能更新账本。如果比特币要做到AP，客户端要在一笔交易添加到区块链上时就尽快接受这笔交易，这样就不用依赖其他节点，从而实现了可用性。但是这样做存在这样一种风险：剩下的节点可能会拒绝这笔交易，从而牺牲了一致性。

除此之外，很多人认为货币最重要的就是安全。他们认为PoW机制下，需要大量的工作量来破解数学难题，才能保证比特币的安全，这是一种浪费行为。这里我们来讲述一下社区经常讨论到的PoW机制的三大问题。

2.3.1 PoW问题1：浪费资源

冰岛，一度被誉为"挖矿者的天堂"。这里气温寒冷，电脑服务器可以自然冷却；再加上地热和水力发电厂的可再生能源充足，使得电价较低，因而吸引了来自世界各地的比特币挖矿企业。

2018年2月中旬,多家海外媒体相继报道称,2018年冰岛挖矿的用电量将超过这个国家34万人口的家庭用电总和。一周后,Elite Fixtures 网站公布了一份最新的比特币挖矿成本调查报告。结果显示要挖出一枚比特币,一台蚂蚁 S9 矿机平均用电量是 17 773 千瓦,S7 用电量是 45 889 千瓦,阿瓦隆 6 的用电量是 55 294 千瓦。很多媒体并不理解比特币挖矿是怎么一回事,但是要追踪热点,就以挖矿的耗电量为入口,用上"震惊!""可怕!"等类似字眼来强调挖矿耗电量巨大。

作为比特币矿机生产行业的龙头老大,比特大陆未曾就耗电问题公开表态过。2018年年初,我同经济学家布尔费墨谈到了挖矿问题。针对挖矿耗电是否可以定义为浪费行为,布老师的回答简单又犀利:"自己花钱买的电,自己消费掉。这就是普通的消费行为,怎么会是浪费?"

加密货币市场市值排名第二的以太坊也同样采用的是 PoW 机制。但是以太坊的创始人 V 神(Vitalik Buterin)也希望能修改共识机制。我在咨询他原因时,他回答道:"我个人觉得 PoW 白白浪费了能源,对环境也有不好的影响。现在挖比特币的耗电量相当于整个新加坡的用电量了。以太坊的耗电量目前都达到了新加坡总用电量的30%。"

有关浪费电的问题,我将经济学家的观点转告给V神。他是这样反驳的:"站在社会的角度上,的确是浪费行为。但站在矿工的立场上,他们不觉得是在浪费电。"

事实上,如果把普通的消费行为上升到社会这一层面,那问题似乎更复杂了。

2.3.2　PoW问题2:环保问题

2017年12月,CNNMoney网站报道有专家表示,比特币挖矿耗费大量能源,可能会对环境带来损害。比如,气象学家埃里克·霍索斯(Eric Holthaus)认为比特币挖矿降低了石化燃料过渡至再生能源的速度,最终耗电量会超过可用的电力供应量。环保人士也不甘示弱,担心比特币挖矿会严重损害全球对抗气候变迁的努力。

2018年1月,瑞士信贷银行在其最新报告中称,"比特币挖矿行业的扩张并不会触发环境末日"。该报告指出,线性地看待挖矿电力消耗是不对的,因为这一行业也会研发硬件并且进行一系列实践以提高能源利用率,这样才能更具竞争优势。

当然,污染环境的说法可以为行业提供新的商机,目前已经有公司开始研究绿色挖矿。

2017年12月,我收到一封来自美国的邮件。某家传统公司称他们在研究绿色挖矿,并要求我把中国矿机生产商的联系方式给他们,以寻求潜在商业合作。我去他们的官网查看了一番,并没有发现他们涉及挖矿业务,便拒绝了对方的请求。2018年2月,我看到有网站在报道一家比特币ATM生产商也在进军绿色挖矿行业,这家公司称,"仅利用可再生能源就可以挖矿,并且不会降低矿机性能"。在谷歌上搜索"green bitcoin mining"更是可以发现,很多公司纷纷表示可以提供绿色挖矿解决方案,还有公司表示研制出了用太阳能供电的矿机。

这些绿色挖矿方案的成本都要高于传统水电或火电的成本。因此,即使存在绿色挖矿的可能性,矿工依旧会保持现状。

2.3.3　PoW 问题 3：算力中心化

比特币诞生 10 年间，经历过数百次"被死亡"。抛开外界因素，真正能让比特币死亡的只有内因。比特币头上一直悬着一把"达摩克利斯之剑"，那就是"51% 算力攻击"。这里，我们可以把算力理解成工作量。换句话说，谁完成了全网 50% 以上的工作量，谁就可以拥有独裁的权力，决定比特币交易流向、制定新规则、达成新的共识。如图 2.2 所示，现在单是比特大陆一家就占有全网 40% 以上的算力。

我曾私下跟朋友调侃称比特大陆是西方世界无法理解的"一股来自东方的神秘力量"。这股神秘力量是怎么崛起的呢？

2012 年 8 月，中国科技大学天才少年蒋信予（网名烤猫）在深圳成立公司，宣布制造 ASIC 矿机的计划，并通过一个"虚拟 IPO"项目在线筹款，按照 0.1 比特币一股的价格，发行了 16 万股，购买股票者可以分红。得知这一消息，比特大陆 CEO 吴忌寒倾其所有购买了 15000 股烤猫公司的虚拟股票。这之后发生了两件事情，让吴忌寒意识到自己拥有比特币挖矿技术的重要性。

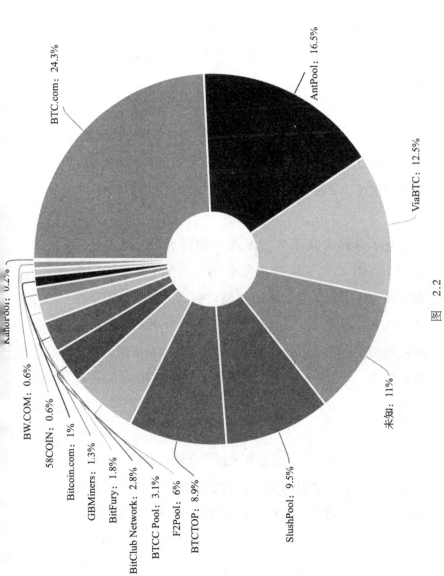

图 2.2

（注：Antpool 和 BTC.com 均为比特大陆旗下矿池，该算力分布日期为 2018 年 3 月 8 日）

2012年12月,烤猫公司给吴忌寒打电话称,用于挖矿的 ASIC 芯片出了一点问题。后来问题顺利解决,才让吴忌寒松了一口气。

2013年4月,吴忌寒花了几百万元预订阿瓦隆矿机,到了发货日期,对方却推迟了发货。要知道,矿机没有及时派上用场,又遇到全网算力大涨,结果是灾难性的。

有了这两次几乎要倾家荡产的经历后,吴忌寒于2013年5月成立了比特大陆公司。同年5月下旬,央视《经济半小时》首次报道比特币新闻,吸引了大批投资者入场,催生了巨大的矿机市场。两个月后,比特币矿机出现了百花争鸣的局面:鸽子矿机、TMR 矿机、比特儿矿机、兰德矿局、小蜜蜂矿机、花园矿机、Smart 矿机等。

在激烈的竞争中,吴忌寒的技术合伙人詹克团在公司成立不到6个月的时间里,就自主研发出了第一代蚂蚁矿机 S1,其同等算力的耗能是之前矿机的一半。一年后,在2015年年初,詹克团研发推出第五代蚂蚁矿机 S5,一举奠定了比特大陆在挖矿市场上的霸主地位。蚂蚁矿机更新迭代的速度之快让人震惊，成了名副其实的后起之秀。

其实，细数中国矿机生产商早年的发展史，会发现同当下的 ICO 热潮有着极其相似之处，也曾出现跳票（延期发货）、跑路、非法集资等种种乱象，考验着从业者的诚信。Viabtc 的创始人杨海坡曾经感叹道："跟比特大陆同时期的矿机生产商有很多，但后来都倒闭了。矿机生产制造需要采购、供应链、物流等各个环节的协调。比特大陆的成功表明吴忌寒是一名优秀的公司掌舵人。"

2018 年 2 月 24 日，美国财经网站 CBNC 援引分析公司 Bernstein 的说法，称比特大陆 2017 年的收益高达 30 亿～40 亿美元，与英伟达去年的收益相当。Bernstein 分析师在报告中表示："比特大陆在短短 4 年内就实现了这一目标，而英伟达则花了 24 年才实现这一目标。"一时间，《比特大陆狂赚 30 亿美元，或赶超英伟达》的报道霸占了国内外各种传统媒体、区块链媒体的头条。这篇文章引发了社区对矿机行业是否存在暴利问题进行讨论，并分成了立场鲜明的两派。一派咬定比特大陆垄断矿机市场，试图控制比特币；一派拥护比特大陆，强调这是市场竞争的结果。

国内知名的区块链知识服务者黄世亮（公众号闪电HSL）认为："矿机价格越贵越好，价格越贵越能说明吴忌寒对这一行的贡献大。"但是他也承认比特大陆现在是矿机行业的"独角兽"。分析公司Berstein估计，比特大陆在比特币矿机和ASICS芯片市场中占有70%～80%的份额。

正因如此，社区呼吁修改共识算法，希望更多的矿机生产商参与进来，打破比特大陆一家独大的局面。

单是修改共识算法，就可以打败这只"独角兽"吗？

币印矿池的联合创始人朱砝认为比特币改算法是个坑："第一，如果BTC不用SHA256（哈希算法），那SHA256算力马上会全部涌向同算法的其他币，如BCH、SBTC。结果，坑了BTC持有者。第二，改算法之后，基本还是比特大陆率先做出新算法矿机。BTC矿工必须要重新买矿机，结果，坑了矿工。第三，如果采用ASIC不友好算法，比如门罗和以太坊的类似算法，那又会导致社区资源和价值溢出到其他币种，如门罗和以太。结果，坑了BTC持有者。"

以太坊创始人V神也在Twitter上建议："如果改算法的目的是防止矿工控制比特币，那么至少要升级为PoW+PoS的混合机制才能实现这一目标。"

这种PoW+PoS的混合共识机制，并不是V神最先提出的。早在2012年，化名为Sunny King的极客人发明的PeerCoin（点点币）即率先采用了PoS机制来维护网络安全。

2.4 PoS（权益证明）机制

PoS（Proof-of-Stake）是权益证明机制。Stake表示权益，即利益相关，每个持币者都是利益相关者。在PoW机制下，达成共识的方式是谁完成了工作量就听谁的。而在PoS机制下，达成共识的方式是谁的币多就听谁的。后者显然比前者达成共识的效率高，并且能节约大量电力。

正因如此，以太坊也计划从 PoW 机制转换为 PoW+PoS 的混合机制。

就这一层面而言，只看谁的币多的 PoS 机制面临的监管风险更低。但是，也有人质疑 PoS 机制下只会诞生中心化的货币。这就好比公司做决策时，哪个股东的股权多，最终决定权就掌握在谁手里。这样如何吸引更多的新人参与进来呢？

V 神表示，其实 PoW 一样存在对新用户吸引力不足的问题。他说："2009～2013 年间，用户只需一台电脑就可以在家挖矿了，但现在情况已经变了。我相信现在 2/3 的矿机都是比特大陆生产的，全是 ASIC，所以普通人挖矿的成本已经大大提高了。目前还没有挖以太坊的 ASIC 矿机，但是很快就会有了。所以到时候以太坊也会面临同样的问题。"他补充道："新用户可以先买少量的币，从学习使用 DApps 应用开始（比如 CryptoKitties 游戏）。"

这种回答似乎并没有什么说服力。以太坊上可以开放养猫游戏，比特币链上一样可以开发应用。这样一来，就吸引新用户而言到底谁比较有优势呢？

上文我们提到过比特大陆创造的财富神话——2017年收益30亿～40亿美元，4年走完了英伟达24年的历程。我相信在巨额财富的吸引下，很多人对这一行业都是跃跃欲试的。日本互联网巨头GMO正在研究7纳米的挖矿芯片，韩国电子领域龙头企业三星也在生产ASIC芯片，并且为中国的挖矿公司提供产品。

因此，当讨论比特大陆的垄断问题时，我们不要忽视了市场是不断在演进的这个事实，而且这条演进的道路是向上的。而PoS机制下，存在这条向上的通道吗？

在经济学领域有这样一个理论：资源诅咒。意思是说丰富的自然资源可能是经济发展的诅咒，而不是祝福，即丰裕的资源对一些国家的经济增长并不是充分的有利条件，反而是一种限制。在PoS机制下，无论市场如何演进，持币大户只要想办法守住自己的币，就可以获得更多的奖励。这条向上演进的道路是个死胡同，强者愈强，弱者愈弱。这种会导致强中心化的共识方案，似乎与区块链去中心化的特性相违背。

为了解决这种强中心化的问题，有人提出了另外两种解决方案——LPoS 和 DPoS。

2.5　LPoS（租赁权益证明）机制

正如同在 PoW 机制下，算力少的矿工没办法竞争得过算力大的矿工来获得记账权一样，PoS 机制下，持币数少的用户无法同持币大户竞争记账权，因此他们缺少动力去运行网络节点。这就意味着整个网络只有由少数大玩家来维护。只有网络节点越多，越多人参与进来，网络才能更加安全，因此有必要激励小玩家参与进来。LPoS（Leased Proof-of-Stake，租赁权益证明）机制的做法是，允许小玩家把自己的币出租给其他节点，增加这个节点在网络中的权重。如果这个节点获得了记账权，那么获得的收益将按照一定比例分享给原持币者。

2.6　DPoS（委托权益证明）机制

DPoS（Delegated-Proof-of-Stake，委托权益证明）

机制，又称委托人机制。DPoS是在PoS的基础上多了一个条件——Delegated（委托）。能够获得记账权的人是社区投票选出来的，而且是轮流制。这类似于人大代表制度，我们投票表决，推选出能够代表社区整体利益的人，而且如果这个代表表现不给力（如没有按时记账），我们还可以换掉他。相对于PoS机制，DPoS的中心化程度降低了。

其实，所有的数学程序都是对现实世界的模拟，而这种代表选举机制，是现在被证明运行最好的机制。我们可以把选举出的代表看成"精英"，把这种机制看成精英代理制度。

不管是PoW、PoS、LPoS，还是DPoS，谁干的活多，谁的币多，谁能成为代表，是不是某种程度上就证明了他比别人优秀呢？是不是他过去一定完成了特定的"工作量"，所以取得了今天的成就呢？我们可以单纯地把各种共识机制看成市面上的一种产品。存在即合理，被采用即有市场。最重要的是：好好发展自家产品，不去恶意中伤别人。

过去几年来，社区在不断演进中催生了诸多共识机制。尤其是各种 ICO 项目创造性地发明了各式各样的共识机制。不管哪种共识机制，只要能催生需求，让更多的人参与进来，就是有价值的机制。我们欢迎各种共识机制相互竞争，让市场决定优胜者。

读者也可以发挥想象力设计出一系列新的共识机制，如："proof-of-reputation"，谁口碑好听谁的；"proof-of-花呗"，谁的花呗额度高听谁的。

第 3 章

优化版的共识机制

3.1 PoW 的优化版

我们都知道，比特币的 PoW 使用的是 SHA256 算法，最初个人还能通过 CPU 参与挖矿，但是当比特大陆、阿瓦隆等芯片厂商研发了 ASIC 芯片之后，挖矿就不是个人可以做的事情了。后来随着显卡挖矿以及矿池的出现，社区开始担心矿池会导致算力集中，违背中本聪"一 CPU 一票"的最初设计理念。在那段时间，中心化的焦虑非常严重，比特币社区讨论非常激烈，论坛里比特币一次又一次地"被死亡"，直到现在，针对矿池是否违背去中心化原则的争论仍在继续。

3.1.1 莱特币的 SCRYPT 算法

有人将原因指向了 SHA256 算法，认为矿机和矿池的出现是算法太容易导致的，于是试图寻找更优的算法。

恰逢其时,基于 SCRYPT 算法的莱特币(Litecoin)横空出世。与 SHA256 算法相比,SCRYPT 对硬件要求更高,占用更多的内存,耗费更长的计算时间,并行计算异常困难。很显然,SCRYPT 算法具有更强的抵御矿机性。此外,莱特币还将区块时间改为 2.5 分钟。在那个山寨币还是凤毛麟角的年代,莱特币依靠这两点创新大获成功,长期稳坐山寨币第一宝座位置。

后来有人在 SCRYPT 算法的基础上稍作修改形成 SCRYPT-N 算法,改进思路一样,都是追求更大的内存消耗和计算时间,以有效阻止 ASIC 专用矿机。

很快,莱特币的成功催生了各种各样的算法创新。在 2012～2014 年间,算法创新一直都是社区讨论的热门话题,每一个使用创新算法的币种出现,都能掀起一阵波澜。

3.1.2 串联算法与达世币

在人类惯常使用的发明创新的方法中,重新排列组合算是最常用的了。在增加内存消耗和增长计算时间的思路之外，有人开始思考：能不能使用多种哈希算法，而不仅仅使用单一的某种算法？

于是在 2013 年 7 月，夸克币（Quark）发布了，其首创使用多轮哈希算法。听起来很高端，但实际上很简单，就是对输入数据连续做 9 轮哈希运算，前一轮运算的结果作为后一轮运算的输入。这 9 轮哈希运算使用的 6 种加密算法为 BLAKE、BMW、GROESTL、JH、KECCAK 和 SKEIN，它们都是公认安全的哈希算法，并且早已存在现成的实现代码。

这种多轮哈希的方式一出现就给人造成直观上很安全、很强大的感觉，追捧者无数。

达世币（DASH，前身是暗黑币（Darkcoin））在此基础上再进行微创新，使用了 BLAKE、BMW、GROESTL、JH、KECCAK、SKEIN、LUFFA、CUBEHASH、SHAVITE、SIMD、ECHO 这 11 种加密算法，名曰 X11。再后来有人开发出来了 X13、X15 系列。

这类算法实际是一种串联思路，其弊端是只要其中一种算法被破解，整个算法就被破解了。好比一根链条，环环相扣，只要其中一环断裂，整个链条就一分为二。

3.1.3　并联算法与 Heavycoin

有了串联，就自然会想到并联，Heavycoin（HVC）率先做了尝试。虽然如今它在国内名不见经传，但是它首次实现了链上游戏，可谓名噪一时。

HVC 算法细节：

1）输入数据，进行一次 HEFTY1 哈希运算，得到结果 d1。

2）以 d1 为输入，再依次进行 SHA256、KECCAK512、GROESTL512、BLAKE512 运算，分别获得输出 d2、d3、d4 和 d5。

3）最后分别提取 d2 ~ d5 的前 64 位，混淆后形成最终的 256 位哈希结果，作为区块 ID。

为什么要先进行一轮 HEFTY1 哈希运算呢？因为 HEFTY1 运算极其困难，其抵御矿机性能远超于 SCRYPT。

但与 SCRYPT 一样，安全性没有得到某个官方机构的论证，于是加入后面四种安全性已得到公认的算法来增强安全性。

我们来对比一下串联和并联的方法（如图 3.1 所示）。串联的方法如 Quark、X11、X13 等，虽然使用了多种哈希函数，但只是将多种哈希函数串联起来，并没有提高整体的抗碰撞性，其中安全性更是由其安全最弱的算法决定，任何一种哈希函数遭遇碰撞性攻击，都会危及货币系统的安全性。

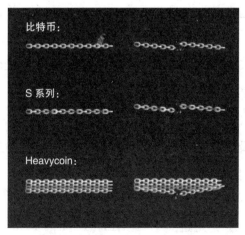

图 3.1

（图片来源于 CSDN 的区块链核心技术演进之路——算法演进）

再来看看并联算法 HVC，它从 SHA256、KECCAK512、GROESTL512、BLAKE512 算法中分别提取 64 位，经过融合、混淆得到最后的结果，其中一种算法被破解只会危及其中 64 位，四种算法同时被破解才会危及货币系统的安全性。

比特币只使用了一种哈希算法，试想未来某天 SHA256 被证明不再安全时，虽然可以更改算法，但届时引发的动荡却不可避免。倘若使用并联算法，则可以争取平静的硬分叉过渡时间。

3.1.4 素数币

当一部分人如火如荼地探索算法，另一部分人指责 PoW 浪费能源时，PoS 机制已经实现。支持 PoW 的人虽极力维护，但也不得不承认 PoW 确实耗费能源。这一事实导致了另一条探索之路，即如果能找到一种算法，既能维护区块链安全，又能在其他方面产生价值，那就更完美了。

在这条探索之路上最振奋人心的成果是素数币（Primecoin）。它是由 Sunny King（化名）发明的，其之前还开发了点点币（Peercoin）。素数币算法的核心理念是：在做哈希运算的同时寻找大素数。为什么要寻找素数呢？因为素数在数轴上稀有且分布不规律，在数轴上寻找素数只能盲目地搜索、探测，这正是 PoW 的特征。

PoW 还有另一个要求是容易验证，这方面人类经过几百年探索已经获得一些成果。素数币使用两种方法测试，首先进行费马测试（Fermat Test），若通过则再进行欧拉 – 拉格朗日 – 立夫习兹测试（Euler-Lagrange-Lifchitz Test），如果两种测试都通过则可被视为素数。需要指出的是，这种方法不能保证通过测试的数百分之百是素数，不过这并不影响系统运行，即便测试结果错误，只要每个节点都认为是素数也行。

素数币其实找的是坎氏素数链。

存在三个特定类型的坎氏素数链：第一类坎氏链、第二类坎氏链和双坎氏链。

什么是坎氏素数链？举第一类坎氏链来说明。

素数链中每个数都是前一个数的两倍减一，比如：

1531，3061，6121，12241，24481

数列的下一个数 48961（24481×2-1）不是素数，因而这个坎氏链的长度是 5，素数币的目标就是探索更长的坎氏链（以上三类都可以）。

那么，现在最重要的问题来了，如何用坎氏链来验证一个区块是否合格呢？

我们先来看看素数币的实现细节。

1）对中本聪区块头进行哈希运算：hashBlockHeader = SHA256（BlockHeader）。

2）通过变换获得坎氏链的第一个数：originNum = hashBlockHeader × Multiplier。

获取坎氏链的第一个数 originNum 之后就可以测试并计算素数链长度的整数部分，小数部分的计算与坎氏链最后一个非素数的跨度相关。

每个区块的乘积因子 Multiplier 各不相同，计算过程和 hashBlockHeader 相关。为此素数币专门对区块头进行了修改，增加了一个字段 bnPrimeChainMultiplier，用来存放这个乘积因子。但是以上第一步计算 hashBlockHeader 时输入的数据并不包含这个乘积因子，这也是为什么特别指出中本聪区块头。

素数币是市场上第一个没有采用哈希工作量证明机制的加密货币，挖矿过程本身就有着一定的科学价值，但为什么没有得到大力推广呢？

根据目前掌握的知识来看，素数在数轴上分布不均匀，且数越大素数越稀有，寻找难度不是线性递增，因此耗时也就不可预估。但是区块链要求出块稳定，所以素数币算法没有得到大家的追捧。但这种探索并不是没有意义的，利用 PoW 工作量的探索还在继续。

3.1.5　Ethash 与以太坊

以太坊（Ethereum）最初打算用 PoS，但由于 PoS 的设计存在一些问题，开发团队决定在以太坊 1.0 阶段使用 PoW 方式。之后在 Serenity 阶段，再将以太坊从 PoW

转换到 PoS。PoW（工作量证明）意味着将电力转换为热量、以太币和网络稳定性。

以太坊的 PoW 算法称为 Ethash（Dagger-Hashimoto 算法的改良版本），它与比特币的工作量证明算法稍微有些不同，使得用普通硬件挖矿成为可能。

最新版本的 Ethash 设计旨在满足以下目标：

1）IO 饱和度：该算法应该消耗几乎整个可用内存访问带宽，这是实现抵御矿机性能（ASIC-resistance）的一种策略，其针对的是可用 RAM，特别是 GPU 中的显存，比计算机的内存更接近理论上的最优值。

2）对 GPU 友好：尽可能地让 GPU 挖矿变得更简单。针对 CPU 几乎是不可能的，因为潜在的专业化收益太大，并且对 CPU 友好的算法确实存在易受僵尸网络攻击的弊病。所以综合考虑之后，选择了对 GPU 友好。

3）轻客户端可验证性：轻客户端应能够在 C 语言的桌面上以 0.01 秒为单位来验证一轮挖矿，而在 Python 或 JavaScript 中，以 0.1 秒为单位来验证一轮挖矿最多占用 1MB 内存（但呈指数增长）。

4）轻客户端减速：使用轻客户端运行算法的过程应该比使用完整客户端的慢得多，以至于在轻客户端（包括通过专用硬件）运行算法并不是经济可行的挖矿方式。

5）轻客户端快速启动：轻客户端应该能够完全运行，并在JavaScript中能够在40秒内验证块。

出于以上考虑，开发团队最后开发出来的Ethash挖矿时基本与CPU性能无关，却与内存大小、内存带宽正相关。以太坊的这种工作量证明算法，降低了普遍用于比特币挖矿的特定硬件ASIC的效率。

Ethash算法的基本流程如下：

对于每一个块（block），首先通过扫描区块头计算一个种子（seed），该种子只和当前块的信息有关；其次使用种子产生16MB的伪随机数据集（Cache）；紧接着根据Cache生成一个1GB大小的数据集，称为DAG。这个数据集中的每一个元素都只依赖Cache中的某几个元素，换句话说，只要有Cache就可以快速计算出DAG中指定位置的元素。DAG可以被理解为一个完整的搜索空间，挖矿的过程就是从DAG中随机选择元素（类似于比特币挖矿中查找合适的 Nonce）再进行哈希运算。

验证的过程也是类似的，它是基于 Cache 计算得到指定位置的元素，进而验证这个元素集合的哈希结果小于某个值。完成验证过程只需要普通 CPU 和普通内存即可，这是因为 Cache 很小，且指定位置的 DAG 元素很容易计算。Cache 和 DAG 每 30000 个区块更新一次。

3.1.6 Equihash 与 Zcash

2016 年 10 月，Zcash 上线，该币种最大的特点是使用零知识证明实现隐私交易。零知识证明是在不泄露信息的情况下生成证明，验证者通过验证证明确定是否正确。Zcash 在区块链记录中隐藏了交易者的所有信息，包括交易双方的地址和交易的金额，由此实现了匿名性。Zcash 对于算法的选择非常慎重，在先后考量了 SHA256D、SCRYPT、CUCKOO HASH 以及 LYRA2 等算法之后，最终 Zcash 团队选择了 Equihash。

Equihash 是一种工作量证明算法，由亚历克斯（Alex Biryukov）以及德米特里（Dmitry Khovratovich）设计而成，其理论依据是计算机科学以及加密学上的一个议题——广义生日悖论。Equihash是一个内存依赖型算法，算力大小主要取决于拥有多少内存，更适合于具有大量内存的通用计算机，而不是特殊的硬件芯片。根据两位发明者的论文，该算法的执行至少需要700MB内存，1.8GHz CPU计算30秒。经Zcash项目优化后，目前每个挖矿线程需要1GB内存，因此Zcash官方认为该算法在短时间内很难出现矿机（ASIC），进而实现了抵御矿机性能。因为广义生日悖论已被广泛研究，所以Zcash官方相信该算法比较公平，认为很难有人或者机构能够偷偷对算法进行优化。Equihash算法非常容易验证，这对于未来在受限设备上实现Zcash轻客户端非常重要。Zcash挖矿的一般过程是：先构造输入条件（区块头以及各项参数），再通过特定函数将输入条件转化成广义生日问题的一般形式，然后用优化算法解析该问题，并对获得的解进行难度判断，如果同时满足算法条件和难度条件则判定挖矿成功，否则调整随机数重新运算。

同样使用Equihash算法的还有国内的比特币黄金（bitcoingold，BTG）。比特币黄金也是比特币区块链的一个分支，比特币黄金矿工在比特币块491407用新的工作证明算法创建块，并分叉成功，在比特币块491407之前的区块链保持不变。比特币黄金最初的代币分配方法几乎与2017年8月1日的比特币现金分叉所使用的方法完全相同。在区块491406被分叉时持有比特币的所有人自动以1BTC = 1BTG的比率收到比特币黄金。

3.2　PoS的优化版

3.2.1　拜占庭将军问题与拜占庭容错算法

1982年兰波特（Lamport）、肖斯塔克（Shostak）和皮斯（Pease）首次提出拜占庭将军问题。Cosmos的Ethan Buchman这样描述它："这是一个在可妥协的通信网络中实现分布式协议的问题，也就是在不可靠的环境中建立一个可靠的系统的问题。"此后，从1982年到1999年一直没有人能够创造一个可以解决拜占庭将军问题的系统。因为在那个时候互联网刚刚从基于云的中央计算演变而来，所需要解决的只是容错问题。因此这段时间在人们的意识中拜占庭将军问题与计算是无关的，更多的是故障容错算法的普及，例如，1998年发明的Paxos算法和

2013年发明的Raft算法被广泛应用。而1999年发明的实用拜占庭容错（PBFT），除了学术界外在真实生活中并没有得到广泛的应用。

直到2008年，中本聪将网络规模级别的分布式拜占庭容错（BFT）算法设计到区块链方案中，才使拜占庭容错算法得以推广。从此，计算系统研究界的人开始围绕如何将拜占庭容错应用到真实世界而进行构思。

2011年，BitcoinTalk论坛组织了一场关于权益证明（PoS）概念的讨论。最初PoS研究假设系统中的一系列对等节点都是静态的，并且在长时间内都是稳定状态。但是在区块链环境中这样的假设完全是不现实的。因此起初PoS协议的实现结果并不理想。直到宰权（Jae Kwon）在2014年创造Tendermint，才第一次真正地将分布式拜占庭容错（BFT）研究应用到PoS公有区块链环境中。宰权的重大突破是使Tendermint能够使用区块、哈希链接、动态验证器集合和循环的领导者选举，来将BFT用于复制状态机（区块链）的领域。在Tendermint环境中，应用了大量的共识算法（Honeybadger、Ouroboros、Tezos、Casper），它们都包含了BTF研究的元素以及在区块链上其他模块观察的元素。

其实对 PoS 所做的所有研究都指向一个重要问题：在不耗尽稀缺物质资源的情况下，我们是否可以达到工作量证明（PoW）的安全级别？这个问题可以转化为：PoS 的投票权不以算力计价而是以链上货币计价。

相对于区块链的可扩展性，区块链的 PoS 共识问题引发的讨论更加广泛而热烈。由于运行 PoW 挖矿的高成本和各种外部环境方面的问题，大量资源涌入 PoS 安全研究。

3.2.2 实现权益证明的算法

接下来我们将会讨论在加密货币中使用了 PoS 的三个主要协议：

- CTFG（Casper the Friendly Ghost）——由弗拉德·赞菲尔带领研究
- CFFG（Casper the Friendly Finality Gadget）——由 V 神带领研究
- Tendermint——由宰权带领研究

有很多不同的方式来实现权益证明的算法，但是权益证明设计的两个主要原理是基于链的 PoS 和基于拜占庭容错（BFT）的 PoS。Tendermint 是基于拜占庭容错的 PoS 设计，CTFG 是基于链的 PoS 设计，而 CFFG 则混合了两者。

计算机科学中的 CAP 理论返回在分布式数据系统中提供超过三分之二担保的不可能性：可用性、一致性、分区容错。基于链的 PoS 算法倾向于选择可用性高而不选择一致性高，因为可用性高意味着所有的交易都能被处理，不过要以牺牲整个网络中的一致性状态复制为代价。基于拜占庭容错的 PoS 算法却相反，会倾向于选择一致性高。

1. Tendermint 与基于 BTF 的 PoS

基于 BFT 的 PoS 协议伪随机地安排一个验证者在多轮投票的过程中提出一个区块。但是，提交和最终化区块取决于大多数——所有验证者中三分之二的验证者在提交的区块中签名。在区块最终化之前可能需要进行几轮签名。BFT 系统只能容错三分之一的失败，其中失败包括故障或是恶意的攻击。

Tendermint主要包含两个主要的技术：区块链共识引擎和通用的应用接口。共识引擎被称为Tendermint核心模块，用于确保相同的交易在每个机器中都按照相同的顺序被记录下来。应用接口被称为应用区块链接口（ABCI），用于让交易可以被任何编程语言编写的程序处理。

在核心模块中，Tendermint基于循环投票机制进行工作，这也是共识协议的原理。一个回合被分成三个处理步骤：验证者提出一个块、发送提交意图、签名后提交一个新区块。这种机制为原子广播提供了一个安全的状态复制机，增加了一个责任层——安全故障可以完全归结于Tendermint。

Tendermint共识算法从验证者集开始。验证者们都维护了一份区块链的全拷贝，并且可以用公钥来识别验证者的身份。他们轮流在每个新的块高度提出一个区块。每轮投票都只有一个验证者可以提出块，并且要用验证者相应的私钥对此进行签名，这样的话如果有错误发生就可以找到为此负责的验证者。然后剩下的验证者就需要对每个提议都进行投票，投票都需要用自己的私钥进行签名。这些组成一个回合。不过，可能由于网络的异步，需要好几个回合才能提交一个新块，如图 3.2 所示。

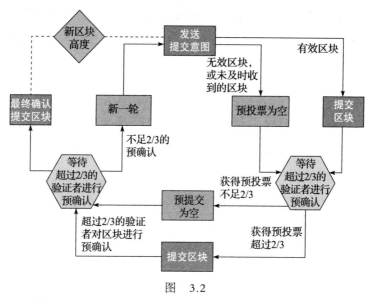

图 3.2

（图片来源于自媒体平台 Medium 中的 Consensus Compare：Casper vs. Tendermint）

验证者提交块的时候可能会失败：当前的提议可能下线了，或者网络可能遇到了延迟。Tendermint 允许验证者被跳过（当轮到一个验证者出块的时候，此验证者没出块）。验证者在移到下一轮投票之前，等待一小段时间来接收提议者（此轮出块的验证者）提出的整个区块。这种对超时的依赖让Tendermint成为一个弱同步协议，而不是一个异步协议。不过，剩下的协议是异步的，并且验证者只有在接收到了超过三分之二的验证者集消息时才会进行处理。正是因为这样，所以Tendermint需要大多数的验证者可以正常运行，如果三分之一或更多的验证者离线或脱机，网络就会停止运行。

假设少于三分之一的验证者是拜占庭，Tendermint保证安全永远不会被破坏——验证者（三分之二以上）永远不会在同一个高度提交冲突的区块。因此，基于Temdermint的区块链永远不会分叉。

目前为止，Tendermint的设计决策确实是把安全性和不可改变性放在了灵活性之上。在现实世界中有相当高的可能性是，系统真的会停止运行，参与者需要在协议外组织，在某种软件上更新后再重启系统。

在数字加密货币社区中只有少数人理解Casper以及为什么它很有价值的时候，Tendermint就为Casper研究奠定了基础。这个洞察力就是：如果一个链本身是高度容错的，那么你就可以使用链来决定谁生产区块，但是如果链的本身就是不可靠的，那么你就陷入了鸡和蛋的问题中去了，这也是之前所有其他共识算法的灭顶之灾。

这个设计决策被认为不如可用性优先的协议，比如以太坊和比特币。但是我们需要考虑的是，一旦转移到不安全的链的情况发生了，如何回到正确的链上。

我们来看看比特币中的权衡：如果网络被分裂了，比特币在各种攻击的情况下就失去了安全保证。这其实就是不可修改理论，也就是你的置信区间是 100% 的时候，那么你跟随的就是一条正确的链，你会使用这条链来选择谁生产下一个区块，但是一旦你转移到一条不安全的链上之后，并没有一条明确的路径让你回到正确的链上。

Tendermint 的明确属性：

- 可证明的活跃性。
- 安全阈值：三分之一的验证者。
- 公有/私有链相容。
- 即时的最终确定性：1～3 秒，取决于验证者数量。

- 一致性优先。
- 在弱同步性网络的共识安全。

2. CFFG

基于链的权益证明模仿了工作量证明共识算法，在此权益证明中协议让伪随机选择出来的验证者产生一个新块，新块哈希连接（包含上个块的哈希值）到前一个最长链的父区块上。基于链的 PoS 非常依赖同步的网络，通常优先考虑可用性而非一致性。Casper 对于倾向于活跃性而非安全性的环境而言，就是 Tendermint 核心思想的一个改编。

CTFG 是一个明确的 PoS 构造，但是是一个覆盖在以太坊 PoW 提议机制上的 PoS——融合了 PoW 和 PoS 两者。

比特币和以太坊的 PoW 共识协议都不会做最终决定，并且区块可能会潜在地被重新组织到一些过去的区块高度。当区块没有机会再被修改的时候才能称为"最终确定"。

因为工作量证明没有提供这样的修改保证，所以它被认为是共识不安全的。相反，当我们持续加长链的时候，区块的最终确定性概率也越来越高。CFFG 实现的逻辑可以为以太坊区块链增加想要的最终确定性和 51% 的攻击阻力。

CFFG 将通过多个步骤推出，以保守的方式将以太坊的 PoW 安全模式逐渐过渡到 PoS 安全模式。Casper 的第一个迭代将会是实现这里讨论的混合 PoW/PoS 协议，Casper 的最后一个迭代很有可能吸取 CFFG 和 CTFG 的教训，朝着一个完整的 PoS 协议发展。

CFFG 是基于链的 PoS 和基于 BFT 的 PoS 之间的混合体，因为它吸取了两者的思想。它的模块化覆盖设计让现在的 PoW 链的更新变得更加容易，因为它对于将系统升级到完全不同的共识模式而言，是一种更保守的方法。

Casper 的应用逻辑存在于智能合约的内部。要想在 Casper 中成为验证者，必须要有 ETH，并且要将 ETH 存储到 Casper 智能合约中作为杠杆的权益。在 Casper 第一次迭代中区块提议的机制会被保留：它依然使用 Nakamoto PoW 共识，矿工可以创建区块。不过为了最终化区块，Casper 的 PoS 覆盖掌握控制权，并且拥有自己的验证者在 PoW 矿工之后进行投票。

Casper 的 PoS 共识最重要的一个部分就是检查点（checkpoint）。Casper 在 50 区块增量的时候评估最终确定性被称为检查点，每 50 个块片段就被称为周期（epoch）。验证者在每个周期发送投票消息时触发这个处理过程。

在一个周期前最终化检查点需要两个周期才能完成，也就是需要两轮投票。例如，当超过三分之二的验证者（也就是大多数）给一个检查点 c 投票了，就说这个检查点已经被"审判"了。下一个周期，当大多数人给检查点 c 投票了，会发生两件事情：c 变成了被审判的并且 c 已经最终化了。c 这个周期也就代表着最后一个最终化的周期（LFE）。

回顾一下，一个区块最终化需要两个条件：

- 大多数（超过三分之二）验证者在周期 1 的时候给区块 1 进行了投票，因此审判了区块 1。
- 大多数（超过三分之二）验证者在周期 2 的时候给区块 2 进行了投票，区块 2 是区块 1 的子区块，因此在周期 2 的时候最终化了区块 1。

在理想执行中,一个区块的最终化应按照下面的步骤进行(见图3.3):

区块1的三分之二投票→审判区块1→区块2的三分之二投票→最终化区块1

其中区块2是区块1的子区块。

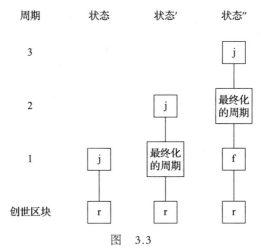

图 3.3

(图片来源于自媒体平台 Medium 中的 Consensus Compare:Casper vs. Tendermint)

当一个检查点被最终化之后验证者就会得到报酬。不。过,如果有两个最终化的检查点在相同高度上分叉,那么就破坏了安全性，这时就达到了消减的条件，最少三分之一的保证金将会被消减掉。当安全性被破坏的时候，可以将错误归因的证据当作交易广播给 PoW 的矿工。然后 PoW 就将这个证据交易组成一个区块来进行挖矿，提交了这个证据的验证者会得到查找者的费用。当此事发生的时候，签署了在冲突区块的恶意验证者将会在两条链上被消灭掉，以保证整个区块链的合法性。

现在如果一个矿工进行蛮力攻击，那么会发生什么？现在 Casper 的最终化区块链可以防止 PoW 的攻击者，就算是 51% 或者更多的算力重写，最新检查点之外的历史也会被阻止。因此，Casper 协议提供了安全性。这不像 CTFG，因为 CFFG 就是不同提议机制上的一层覆盖，Casper 不能确保活跃性，活跃性是取决于提议机制的。

验证者是被激励着集合在权威链上的，因为如果他们持续在不同的链上进行投票将会受到惩罚。slasher 2.0 的形成让验证者不仅仅会为双重投票而受到惩罚，也要为在不正确的链上进行投票而受到惩罚。不过这也造成了一个"泄气"的窘境，因为验证者担心如果出现一个分叉，自己不确定到底哪个才是权威的,投错票之后被削减而选择退出投票。

CFFG 的明确属性:

- 最终化:超过 20 分钟最终化。每隔 50 块(一个周期)就最终化一次区块,防止 PoW 挖矿蛮力攻击。
- 共识安全性。
- 可证明的活跃性。
- 优先可用性。

3. CTFG

CTFG 是正确构造(CBC)共识协议,专用于对抗寡头垄断的真实环境。CTFG 是工作量证明中 GHOS 或 GHOST 协议的 PoS 改编版,用于其分叉选择规则。CTFG 背后的指导设计原则是基于加密经济学的,使用旨在实现评估安全的正规方法。与前面详细说明的 CFFG 混合协议不同,CTFG 是纯粹的权益证明的概念。

"Casper 刚刚开始的时候只是简单的'友好的幽灵',它对于 PoS 而言是 GHOST 的改编,完善的激励让卡特尔'友善'地变成'非卡特尔'的验证者。"

——弗拉德·赞菲尔
《Casper 的历史》第 5 章

与工作量证明类似，CTFG 会对一致性和可用性进行权衡。特别是在区块没有被最终化的时候，在链中的深度越深它们就会越安全。CTFG 与 CFFG 有一点相似，即链头部的处理总是比区块最终化的处理要快很多。

Casper 的 PoS 提议机制与 Tendermint 提议机制最大的区别是，与伪随机选择领导者相比，前者的验证者可以基于自己见到的块提出块。

Casper 提供的一个独特功能是参数化安全阈值。与比特币中使用 6 个确认来确定一个经济最终状态类似，CTFG 中的"评估安全"提供了一个验证者可以有一个与其他验证者不同的安全阈值功能。Casper 的设计目标是在网络维持 PoS 低开销的时候，允许验证者选择自己的容错阈值。

Casper 对 Tendermint 的核心优势在于，网络随时可以容纳一定数量的验证者。因为 Tendermint 中的区块在创建的时候需要最终化，所以区块的确认时间应该短一点。为了达到短区块时间，Tendermint PoS 能够容纳的验证者数量就需要有限制。由于 CTFG 和 CFFG 在区块创建的时候都不需要安全性，所以相对于 Cosmos 容纳 100 个验证者来说，以太坊网络可以容纳验证者的数量更多一点。

CTFG 的明确属性：

- 可用性，Casper 的节点在它们达成共识之前可以块分叉。
- 异步安全性。
- 生存，Casper 的决策可以在部分同步中存活，但是不能在异步中存活。
- 卡特尔阻力，Casper 建立在抵制寡头垄断攻击者基础之上，因此不会有任何勾结的验证者可以超越协议。
- 安全性，取决于每个验证者的评估安全阈值。

3.2.3 权益证明的陷阱

1. 无利害关系

起初，有多种不同的说法来描述权益证明的一般陷阱，无利害关系就在这时被提出。2014 年 5 月宰权以"错误选择谬论"的名字第一次提到这个问题。在 2014 年 7 月 V 神把比特币开发者所描述的确切定义的问题推广为"无利害关系"。

问题呈现出以下情况：在给定高度，验证者通过为多个有冲突的区块投票，可有效破坏安全性而不用为此付出任何代价。

简单的 PoS 设计对于这些攻击而言是非常脆弱的。具有灾难性的是，因为没有任何的激励来鼓励大家永远集中在一个独一的链上，并且每一次激励都要一次性在多个相互冲突的链条上进行重复签名，所以为了获得更多的区块奖励，在经济上最优的策略就变成了尽可能地在多个分叉上进行投票，如图 3.4 所示。

在工作量证明中，对于在多个链上进行挖矿的矿工，若想作恶，必须将非常稀缺的算力资源分开，从而以高昂成本遏制作恶情况。在现代，对于非简并的权益证明，这种成本被设计到协议里面，以此模仿 PoW 物理挖矿对于矿工的限制。例如，以太坊带头人 V 神在 2014 年 1 月引入"slasher"概念，协议内惩罚可以减轻这个攻击。

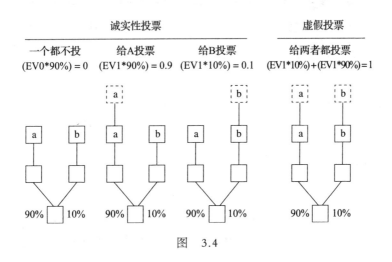

图 3.4

同年，宰权进一步推广此方法，这是实现 Tendermint 共识协议的第一次迭代。增加成本以及允许苛刻惩罚，对于所有的非简并 BFT 协议都是有帮助的，甚至本节中出现的三种共识都被采用了。

2. 远程攻击

由于在权益证明（PoS）机制中用户是有权利撤回保证金的，于是就有了远程攻击这一隐患的存在。这是因为攻击者可以在任意区块长度上分叉而不用担心被削减。一旦保证金被解除绑定，不从某个区块高度前进行长距离投票的激励就被取消了。换句话说，当超过三分之二的验证者解除了绑定时，他们就可以恶意地创造一条包含之前验证者集的第二条链，这就可能导致任意的交易。

对于权益证明协议来说这是相当致命的，因为权益证明的安全模型必然是"主观"的（什么是"主观的"安全模型？如果信息可以在协议之内被验证，则称为"客观的"；如果信息必须依赖协议外的手段才可验证，则称为"主观的"）。一个新节点加入网络之后，可能会对当前网络的状态得出不同的结论，因为决策是基于主观信息的，即社会声誉。然而在这一点上与工作量证明（PoW）进行对比就会发现，工作量证明的安全模型必然是"客观的"，因为决策是基于客观信息的，即当前网络状态总是工作量最多的那个状态，新节点对于网络状态的结论总是相同的。

那么，如何防止远程攻击的危害呢？

在 V 神所提的弱主观性模型下，接入网络中的后续新节点进行验证时，当前节点必须是绑定保证金的。只有在验证节点已缴纳保证金的情况下其签名才有意义。这代表客户端只能依赖所知道的锁定保证金的验证节点的签名。因此当客户端接收和鉴别共识数据时,共识认可的链必须出自当前锁定保证金的验证节点的块。对比 PoW 协议,共识认可的链起源于创世块——只要你知道创世块的数据,就可以鉴别出共识认可的链。在这里,只要你知道当前锁定保证金的验证节点,就可以鉴别出共识认可的链。不知道当前锁定保证金的验证节点列表的客户端,必须先通过另外的信道获取这个列表。这个限制通过要求所有人用当前信息来鉴别共识。

另外,解除绑定保证金必须要经过一个"解冻"时期。解除绑定之后,会造成数周到数月消息同步的延迟,需要时间进行"解冻"。因为协议规定禁止在 N 个块之前恢复,其中 N 是保证金的长度。这个规则使任何长程分叉无效。而同步数据时需要从其他信道获取最新锁定保证金的验证节点列表的性质,正是 V 神所说的"弱主观性"。

Casper 和 Tendermint 采用这种简单的锁定机制(Tendermint 中俗称"冻结")来锁定股权一段时间(几周到几个月后"解冻"),以防任何验证节点恶意联合危及系统的安全。在由 V 神带领研究的 CFFG 算法中，分叉永远只能修改最终块之后的块，从而阻止了远程攻击。在 CFFG 中，试图通过使用时间戳修改比最终块早的区块的长距离分叉，是不会被协议认可的。

3. 卡特尔形式

PoS 还有个问题需要解决，那就是寡头垄断问题，当然这也是任何经济形式都需要面对的问题。

"加密货币令人难以置信地集中，挖矿算力也是一样。寡头垄断竞争是很多现实市场的常态。少数相对富有的验证者之间的协调，比多数相对贫穷的验证者之间的协调要容易得多。在我们这种情况下，卡特尔形式是完全被预料到的。"

——弗拉德·赞菲尔
《Casper 的历史》第 4 章

Tendermint 依靠额外协议管理方法来与寡头垄断验证者进行对抗。虽然在审查制度方面没有任何协议措施，但依靠额外社会信息解决卡特尔问题，其中的基本原理是：用户最终将不可避免地注意到卡特尔形式，引起社会舆论，然后放弃或者投票重新组织受到攻击的区块链。

到目前为止，Vlad 的 Casper 协议是唯一一个明确使用共识内审查激励来打击卡特尔形式的模式。

4. 未来的工作

公链在产品上运行仍是一个比较新的技术。到目前为止显示出不会腐败的唯一安全模型就是工作量证明。权益证明的设计空间还非常大，而且工程学上的理解还远远不够，因为权益证明是一个前沿的研究领域，目前没有足够多的数据支撑。要得到一个最佳的 PoS 共识算法，我们还有很多未来工作需要完成。

第一个未来可发力的方向，可能是 Tendermint。可能是提出针对它的新的改进机制，或者将 Tendermint 的多轮投票过程压缩成一轮投票。

第二个未来工作的领域，可能是利用更高级的加密技术让区块头的签名更小一点。因为我们是通过 Cosmos 来建立一个"区块链的互联网"，所以将轻客户端证明从一条链上移到另一条链上就是我们的核心工作。从这个观点来看，使用更高级的密码学将区块头的大小缩小 30 倍或者更多是非常有利的。

另外，我们还可以优化 P2P 层的方法，这样就可以显著减少最终块所需要的流量。在未来的工作中，不仅仅是压缩区块头中的数据量，还会减少发送到对端的数据量。这样的话，在 Cosmos 网络初始 100 个验证者的阈值之上，还可以增加更大的验证者集。

3.3 PBFT 的优化版：联邦拜占庭协议

传统的 PBFT 中，尽管有导致拜占庭错误的搅局者，但拜占庭协议仍然能保证分布式共识的达成。然而它需要这个系统的所有参与者达成一致，网络中所有节点必须是已知的，且是被提前认证过的节点。

在联邦拜占庭协议（Federated Byzantine Agreement，FBA）中，任何人都可以加入，以分布式的方法使得群体（法定人数或者足够节点）能够达成一致，每一个节点均可决定其信任对象，不同的节点不需要信任相同的参与者组合即可达成共识。灵活的信任意味着，用户可以自由地信任自认为合适的任意组合参与方。

Stellar.org 首席科学官 David Mazières 教授在论文中提出的恒星共识协议（Stellar Consensus Protocol，SCP），是联邦拜占庭协议的第一个实例。恒星共识协议提供了一种不依赖于封闭系统就可以准确记录金融事物来达成共识的方式。恒星共识协议具有四个关键属性：分散控制、低延迟、灵活信任和渐近安全。作为一个联邦拜占庭协议，恒星共识协议增加了对非理性行为的容忍度，仅需有限的计算资源，降低了准入门槛。

在详细讲解联邦拜占庭协议之前，我们需要先知道什么是法定体丛。

在分布式系统中，法定体是指能满足达成一致协议要求的节点集合。联邦拜占庭协议引入了法定体丛的概念，一个法定体子集能够说服特定节点达成一致。

联邦拜占庭协议的主要特征是：FBA 中每个节点可选择各自的法定体丛，整个系统的法定体结果由单个节点做出的选择所决定。这是拜占庭协议系统和FBA系统的关键区别。

FBA里,没有守门员,没有集权者,单个节点可以自行决定该信任哪些参与者。节点们能选择多个群体,且单个节点的选择可能依赖于系统外部的标准。例如,如果某一银行被视为信誉良好,那么其他节点的所有交易需要它的认可。

法定体之间存在着不同的状态。

- 法定体交集:好的法定体共享着它们的节点,致使不同法定体之间有了节点重叠。
- 不相交法定体:当法定体间没有交集时,我们得到的是不相交法定体。

假如法定体不相交,例如,法定体A可能认可了一份比萨订单的声明,同时法定体B认可的是一份汉堡订单的声明。因为它们能够独立地认可相矛盾的声明,所以不相交的法定体会破坏共识。

那么,如何促使节点做出较好的选择呢?

FBA系统中的每个节点都有责任确保所选择的法定体丛不违背法定体交集。通常需要确认法定体丛是否足够大，且法定体丛所含节点是否足够重要，不会欺骗或为不同的人产生不一样的信息而危害自身的信誉。

联邦投票表决：接受，确认。

FBA系统中的节点使用一种联邦投票表决技术来实现其协议。联邦投票表决技术引导FBA系统或一群共同协作的人们达成一致。在Stellar的白皮书中举了一个例子如下：

午餐共识

为更详细地描述一个节点投票和最终接受某一声明同时允许系统达成一致的过程，我们举一个许多人都熟悉的例子——一群人为午餐吃什么进行投票。在本例中，人们的名字就是节点，所有食物选项就是节点需参考的声明。

Vanessa在某公用办公场所工作，在那里一大群人预订午餐是很随意的。有大量选项，而且不是每个人都会做出选择；当确定好足够的人数后，他们就下订单。

Vanessa和工作同伴决定使用基于FBA系统的SCP

(Stellar共识协议）处理这个问题。

初始投票

假设Vanessa想要比萨，但仍需保持开放的思想准备，以免本组很大一部分人选择了比萨以外的其他选项。

投票是准备工作并且仅发生在节点阶段。在联邦选举过程的第一步，Vanessa声明比萨是有效的，且允诺没有也不会为任何与比萨不同的选项投票。除非足够多工作同伴为比萨投了票，否则她得到的结果是接受非比萨选项。

接纳

幸亏有法定体交集，法定体丛能影响另外的节点。想象一下另一路径在Vanessa那里投票了汉堡。但请记住，投票仅仅是准备工作。

Winnie、Andrew及Eva都同Vanessa在法定体丛里，他们能够阻止接受汉堡的过程。一个v-blocking（v形限制）的节点集合，至少包含一个来自Vanessa所有体丛的节点，并能阻止所有包含Vanessa的法定体里的行为，致使Vanessa接受比萨。

下列情况下Vanessa实际上都接受了比萨：

- 她从没接受过与比萨相左的声明。

- 每个 v 形限制集合中的成员都声明接受比萨,或者每个包含 Vanessa 的法定体成员也投票比萨或声明接受比萨。

正式认可

当每一个法定体成员都投票比萨时,我们说这个法定体认可比萨。一个节点不需要再亲自认可声明。

例如,Scott 常常信赖 Andrew 和 Iris,由他们来决定 Scott 吃什么,他们就是 Scott 的法定体。假如他们都投票比萨,法定体就认可了比萨。

一个工作同伴可以投票一份午餐选项,之后接受与其投票相左的午餐。投票比萨不是坚持比萨作为午餐——仅当认可后比萨才被接受为午餐。

确认

确认是选举过程的最后一步,会实现整个系统的一致协定。为确保协商一致,节点会相互交换确认报文。系统同意某个声明,一旦充足的报文被分发及处理,不管其后发生什么事件,每一可响应的、无误的节点都将接受该声明。

例如,Eva 声明她接受比萨并发送确认报文,"accept

(pizza)"，这一报文是"I have accepted pizza"的简写。

当 Eva 发送确认报文后，Winnie、Andrew、Graydon 及 Eva 法定体中的其他人都广播"accept（pizza）"

这些报文能说服另外的人接受比萨，在上例的接受中，假如 Vanessa 投票与比萨相左，如汉堡，如果 v 型限制集合接受比萨，那么 Vanessa 还是接受比萨。这时其他人尽可能多地说服更多人，一直广播"accept（pizza）"，直到每一个人能够接受比萨。

随后确认报文的法定体允许 Vanessa 确认比萨，并实现系统达成一致。公司订购比萨，皆大欢喜。

这个例子充分说明了 FBA 系统执行的整个过程。

3.4　其他：Algorand 协议

图灵奖得主、MIT 教授 Sivio Micali 设计了 Algorand 共识协议。Algorand 是一种新的加密共识机制，可以在极短的时间内确认交易，同时扩展到许多用户。Algorand 确保用户从未对已确认的交易有分歧，即使一些用户是恶意的，网络被临时分区。相比之下，现有的加密货币允许临时分叉，因此需要很长时间（大约一个小时），最终以多确认次数来保证交易被确认。

Algorand使用新的拜占庭协议——BA协议，在下一组交易中达成用户的共识。为了将共识扩大到许多用户，Algorand使用基于可验证随机函数的新颖机制，允许用户自主检查是否被选择参与拜占庭协议以许可下一组交易。在Algorand的BA协议中，除了私钥之外，用户不会保留任何私有状态，允许Algorand在发送消息后立即替换参与者。这样可以减轻他们的身份被揭露后，对所选参与者的有针对性的攻击。

Algorand中，用户通过BA对新区块达成共识。BA执行起来非常快，大致来说，BA每次循环有3个子步骤，在每次循环后均有三分之一以上的概率能达成共识。一旦验证者对某个新区块达成共识，超过一半的验证者再用自己的私钥对该区块进行电子签名（相当于认证），该区块就开始在Algorand网络中传播。BA的一个重要特征是：在点对点网络通信下，BA的参与者可更换。也就是说，BA每次循环的每一个子步骤均可由全新的、独立随机选择的参与者来执行。在这种情况下，BA仍能正确、有效地达成共识。假设有上百万用户，BA 每次循环的每一个子步骤的参与者可以完全不一样，而且每一批参与者都无法确定下一批参与者是谁，从而无法串谋。

Algorand 的团队评估 Algorand 在 1000 个 EC2 虚拟机上的性能，模拟最多 50 万用户。实验结果表明，Algorand 在一分钟内确认交易，达到 125 倍比特币的吞吐量，并且几乎不会对更多的用户进行扩展，同时几乎不会导致对更多的用户进行罚款。不过 Algorand 有一个很大的问题是没有激励机制，所以在完全去中心化的环境下运行，尚需实战考验。

第4章

博弈论与加密经济学

4.1 博弈论是什么

博弈论是一个分析工具包,它被设计用来帮助我们理解所观察到的决策主体相互作用时的现象。这种理论隐含的基本假设是:决策主体追求确定的外部目标(他们是理性的),并且考虑他们自身的知识或其他决策主体行为的期望(他们的推理具有战略性)。

博弈论思想历史久远,比如中国古代的《孙子兵法》。早年的博弈论主要研究象棋、桥牌、赌博中的胜负问题,人们对博弈局势的把握只停留在经验上,没有向理论化发展,其正式发展成一门学科则是在20世纪初。

对于博弈论的研究,始于策梅洛(Zermelo)、波雷尔(Borel)以及冯·诺依曼(Von Neumann),后来由冯·诺依曼和奥斯卡·摩根斯坦(Oscar

Morgenstern）首次对其系统化和形式化。随后，约翰·福布斯·纳什（John Forbes Nash Jr.）利用不动点定理证明了均衡点的存在，为博弈论的一般化奠定了坚实的基础。

从经济学的角度来看，大家认为现代经济博弈论是在20世纪50年代由美国著名数学家冯·诺依曼和经济学家奥斯卡·摩根斯坦引入的，目前已成为经济分析的主要工具之一，对产业组织理论、委托代理理论、信息经济学等经济理论的发展做出了非常重要的贡献。1994年和1996年的诺贝尔经济学奖，分别颁发给了研究博弈论方向的经济学家。

博弈论考虑的是一个有特定规则的群体环境的个体的预测行为和实际行为，其最基本的要素有三个：参与者（player）、策略（strategy）和收益（payoff）。博弈论假设：

- 参与者是理性的，最大化自己的利益。
- 参与者对所处环境及其他参与者的行为形成正确信念与预期。

也就是说，在一个策略组合中，所有的参与者都会遇到这样一种情况：当其他人不改变策略时，他此时的策略是最好的，这就是著名的纳什均衡（Nash Equilibrium）。在纳什均衡点上，每一个理性的参与者都不会有单独改变策略的冲动，此时如果他改变策略，他的利益将会减少。

根据不同的基准博弈有不同的分类。一般认为，博弈主要分为合作博弈和非合作博弈。二者的区别在于，相互发生作用的当事人之间有没有一个具有约束力的协议，如果有就是合作博弈，如果没有就是非合作博弈。

从行为的时间序列性，博弈论进一步分为静态博弈和动态博弈：静态博弈是指在博弈中参与者同时选择，或虽然不是同时选择但后行动者并不知道先行动者采取了什么具体行动；动态博弈是指在博弈中参与者的行动有先后顺序，且后行动者能够观察到先行动者所选择的行动。对这种分类通俗的理解是："囚徒困境"就是同时决策的，属于静态博弈；而棋牌类游戏等决策或行动有先后次序，属于动态博弈。

按照参与者对其他参与者的了解程度，分为完全信息博弈和不完全信息博弈。完全信息博弈是指，在博弈过程中每一位参与者对其他参与者的特征、策略空间及收益函数有准确的信息；不完全信息博弈是指，参与者对其他参与者的特征、策略空间及收益函数信息了解得不够准确，或者不是对所有参与者的特征、策略空间及收益函数都有准确的信息。

4.2 纳什均衡

我们用经典的囚徒困境（Prisoner's Dilemma）问题来阐释博弈论与加密经济学的核心——纳什均衡：

假设有两个参与者和一个庄家，每个参与者有一式两张卡片，各印有"合作"和"背叛"。两个参与者各把一张卡片文字面朝下，放在庄家面前。文字面朝下排除了参与者知道对方选择的可能性。然后，庄家翻开两个参与者卡片，根据以下规则支付双方收益。

- 一人背叛、一人合作：背叛者得 5 分（利益驱动），合作者 0 分（受骗支付）。
- 二人都合作：各得 3 分（合作报酬）。
- 二人都背叛：各得 1 分（背叛惩罚）。

决策收益矩阵如下：

	参与者 2 合作	参与者 2 背叛
参与者 1 合作	3, 3	0, 5
参与者 1 背叛	5, 0	1, 1

我们可以看到，这种情况下的纳什均衡是参与者 1 和 2 都合作，合作对团体而言是支配性策略。

但这里面有个问题，如果在一个像区块链这样没有信任基础的环境（比如分叉的收益大于在原来链上挖矿的收益）下，参与者 1 和 2 都背叛的收益大于都合作的怎么办？这样的一个决策收益矩阵如下：

	参与者 2 合作	参与者 2 背叛
参与者 1 合作	3, 3	0, 5
参与者 1 背叛	5, 0	6, 6

在区块链上很可能出现参与者为了个人利益最大化而完全不顾及整体利益的情况，这时候"惩罚"机制就显得尤为重要了。如果我们能设置一个机制，即每一个背叛（对整体利益不利）的行动都额外惩罚 6 分，新的决策收益矩阵就变成了这样：

	参与者 2 合作	参与者 2 背叛
参与者 1 合作	3, 3	0, −1
参与者 1 背叛	−1, 0	0, 0

我们可以看到，当加入了惩罚机制之后，纳什均衡从参与者都背叛（作恶）变成了都合作。这个机制在区块链的经济模型当中是非常重要的一个环节。

4.3 谢林点

谢林点（Schelling point，又译为薛林点或聚焦点）是博弈论中人们在没有沟通的情况下的选择倾向，做出某一选择可能因为它看起来自然、特别，或者与选择者有关。这一概念是由美国诺贝尔奖获得者托马斯·谢林（Thomas Schelling）于 1960 年在《冲突的策略》一书中提出的。在该书中（第 57 页），谢林描述："每个人期望的聚焦点是，他人期望他本人期望被期望做出的选择。"此概念后来以谢林的名字命名。

比如一群独立不交流的人，被要求从以下数字当中选出

一个数字,且只有大家都选的是同一个数字时才能获得奖励:

38219057301490231;
100000000000;
1.43123289。

大家可能会同时选择100000000000这个数字,因为它看起来最自然,同时也是大家预期其他人最会选的数字,其他两个数字并没有什么显著的特点。

4.4 有限理性模型

另一个对加密经济学很关键的博弈论概念是"有限理性模型"(Bounded Rationality Model)。20世纪50年代之后,人们认识到建立在完全理性决策理论之上的经济体只是一种理想模式,不可能指导实际中的决策。赫伯特·西蒙(Herbent Simon)提出了满意标准和有限理性标准,用"社会人"取代"经济人"。有限理性模型又称西蒙模型或西蒙最满意模型,是一个比较现实的模型,它认为人的理性是处于完全理性和完全非理性之间的一种有限理性。

有限理性模型认为决策者追求理性，但又不是最大限度地追求理性，他只要求有限理性。这是因为人的知识、能力或者时间等有限，决策者既不可能掌握全部信息，也无法认识决策的详尽规律。同时，有限理性模型认为决策者在决策中追求"满意"标准，而非最优标准。

我们举个例子，小李每天都习惯去健身房打卡健身，突然有一天打卡的时候发现前台没有人，同时桌子上有5块钱，有限理性模型认为这时候小李不会去拿这5块钱，因为选择不拿是小李最习惯、最简单的决策，如果拿了5块钱或许以后对小李每天来健身的影响更大，所以小李会在有限的条件下做出不拿这5块钱的决定。这个概念对于加密经济学中作恶部分机制的设计有着重要的启发作用。

4.5　博弈论机制设计与共识机制

区块链上共识机制的设计与博弈论机制设计最为相似，机制设计通常被称作反向博弈论，因为我们是从一个期望的结果开始，反向推导来设计一个完整的游戏。如果在游戏中玩家追求自身的利益，那就会产生我们想要的结果。例如，想象一下我们负责设计一个拍卖规则，我们的目标是希望投标人能够以一个产品的实际价值中标。为了达到这个目标，我们运用博弈论理论将拍卖设计成一种游戏，其中每个玩家的核心策略都是能够以真实价值竞拍。

和博弈论机制设计一样，共识机制设计着重于系统的设计和体系的建立。就像在拍卖例子中，我们用博弈论来设计一套能够产生一定制衡结果的规则或机制，在共识机制设计中，我们使用密码学和计算机编程来实现这种经济激励机制，我们设计的系统通常都是分布式与去中心化的。

比特币的共识算法 PoW 正是这种方法的产物。中本聪希望比特币具备某些特性，比如它能够就其内部状态达成共识，并且具备抗审查的能力。然后，他在假设人们以合理的方式回应经济激励的基础上，设计了整个比特币系统来实现这些特性。

4.6 博弈论机制设计与区块链安全

现实商业世界当中，恶意收购是一个非常影响公司安全的行为，恶意收购者通常不经过对方同意，并希望取得控制权和对方已有的一切资源。区块链的世界当中，也有类似的安全隐患存在，即贿赂攻击者模型（Bribing Attacker Model）。

贿赂攻击者模型指的是，在一个非协作选择模型（Uncoordinated Choice Model）如无信任基础的区块链（Trustless Blockchain）上，存在一个拥有足够资源的贿赂者，通过额外的经济奖励（贿赂）来激励其他参与者采取特定行动的攻击行为。这里的特定行动通常对原有区块链体系的安全有较大影响，最常见的是恶意分叉。

如果我们用恶意收购来类比贿赂攻击者模型，可以这样阐释：一个区块链协议之外的贿赂者，通过一个条件来收购代币或者挖矿算力，从而达到攻击原有区块链的目的。通俗地讲，叫作"收买现有节点"。

为了更好地理解贿赂者是如何实现其目的的，我们用通俗的博弈论知识来做分解。

假想一个简单的投票机制，区块链上的每个参与者都可以投 0 和 1 两个决策，假设 0 是对原来区块链有利的，1 是对原来区块链不利的，机制规定只有大家投的结果一样才能获得相应的奖励 P，这种情况下的纳什均衡是大家都投 0，即对原来区块链有利的决策，用决策收益矩阵表示如下：

	你投 0	你投 1
其他人投 0	P, P	0, 0
其他人投 1	0, 0	P, P

如果这个时候出现了一个贿赂攻击者，他告诉你如果你投 1 同时其他人不投 1 的话，除了能得到奖励 P 以外，还有额外的报酬 ε，那么新的决策收益矩阵就如下所示：

	你投 0	你投 1
其他人投 0	P, P	0, P+ε
其他人投 1	0, 0	P, P

从表面上来看，对于你来说投 1 是最好的选择。可问题是，当贿赂者告诉所有人这个贿赂条件的时候，所有人都会觉得投 1 是最好的选择，那么这时的纳什均衡就变成了大家都投 1，即大家都选择了对原来区块链不利的决策。

贿赂者通过 P+ε 攻击实现了他的目的，同时还不用真正去支付他承诺的贿赂金 ε，就成功地使大家都做出了对原来区块链不利的决策。很聪明、很巧，是不是？这个 P+ε 攻击问题也是类似于 PoW 共识机制的一个安全隐患。

其中一个解决办法是引入有保证金和惩罚措施的改进版 PoS 共识机制。由于每个区块链的参与者都有保证金押在链上，如果贿赂者让你去做对原来区块链不利的决策，你就会损失你所有的保证金，你会觉得这样做得不偿失。更何况从上述的决策收益矩阵当中我们还知道，就算你做出了对原来区块链不利的决策，也拿不到贿赂者承诺的额外报酬 ε。

4.7 以博弈论为基础的共识机制前瞻——以太坊 Casper 共识算法

Casper 是以太坊从 PoW 转型到 PoS 的一个优化版 PoS 共识机制，以太坊的核心贡献者 V 神有意通过 Casper 来硬分叉以太坊以实现这个转型。总的来说，

Casper要求验证人（validator）用保证金中的大部分对共识结果进行下注。而共识结果又通过验证人的下注情况形成：验证人必须猜测其他人会赌哪个块胜出，同时也下注这个块。如果赌对了，他们就可以拿回保证金外加交易费用，也许还会有一些新发的货币；如果下注没有迅速达成一致，他们只能拿回部分保证金。因此数个回合之后，验证人的下注分布就会收敛。此外，如果验证人过于显著地改变下注，比如先是赌某个块有很高概率胜出，然后又改赌另外一个块有高概率胜出，他将被严惩。这条规则确保了验证人只有在非常确信其他人也认为某个块有高概率胜出时才以高概率下注。只要验证人足够多，Casper就可以通过这个机制来确保不会出现下注先收敛于一个结果然后又收敛于另外一个结果的情况。验证人对每一个高度h上的每一个候选块独立下注，给每个块指定一个胜出概率并公布。通过反复下注，对于每个高度h，验证人会选出唯一的一个胜出块，这个过程也决定了交易执行的顺序。如果一个验证人在某个高度公布的概率分布总和大于100%，或者公布了小于0%的概率，或者对一个无效块指定了大于0%的概率，Casper将罚没他的保证金。

简而言之，Casper权益证明尝试提供一个非常巨大的加密经济学安全边际，通过强制要求大笔的以太坊安全保证金代替计算机算力，以实现验证者的功能。这一安全保证金或者说加密经济学证明，成了一个强有力的震慑。其含义是一目了然的——在区块链上制造麻烦，你就将失去一切。

Casper强制参与者加入一个谢林币（Schelling Coin）游戏。参与者们被强制要求将他们的安全保证金押在多数人将下注的事情上。使用同样的递归逻辑，多数参与者将准确地投票给有效的交易，因为每个参与者都预期其他人得出同样的结论。情形就是如此，权益证明可以抵抗P+ε攻击，因为在他们最终将票投给少数方的情形中，攻击者将不得不提供非常巨额的预算以补贴参与者的安全保证金。

在这些安全模型的环境下，我们可以看出Casper的弹性集中在不协调选择模型中，且源自贿赂攻击者。Casper在理论上同样对起源于合作攻击者模型的51%攻击敏感。但是，就像比特币一样，以太坊将做出如此攻击的成本提高到如此高昂的地步，以至于几乎完全遏制了它。在Casper的环境下，失去所有相关权益的威胁是一个更强有力的震慑。

第 5 章

行为经济学与加密经济学

5.1 行为经济学与传统经济学：非理性与理性

传统经济学认为人们都是理性的——这一假定的含义是，我们能对日常生活中面临的所有选择的价值进行计算和权衡，选择对我们最为有利的方案。而一旦我们犯了错误，做了非理性的事情，通过"市场的力量"也会迅速把我们拉回正确理性的道路。基于这些假定，从亚当·斯密以来，一代代经济学家推导出了深远的、无所不包的种种结论：从税收到保健政策，再到商品、服务的定价。

然而，我们远不像传统经济学理论所假定的那么理性，我们经常会做出一些冲动的甚至不符合自己利益的事情（比如明知道熬夜对身体不好，但还是经常熬夜）。不仅如此，这些非理性行为并非无规律、无意识，而是成系统甚至是可预测的,而这就是行为经济学所追求的目标。

行为经济学是运用社会心理学知识来研究信息活动对经济活动的影响,它从人们的实际行为出发,帮助我们正确理解潜藏在日常生活中的各种异常现象。

本章不涉及任何复杂陌生的概念或原理,而是从大家都熟悉的实际场景出发,讨论我们平时行为决策的不足,以及行为经济学和加密经济学可以帮助我们些什么。

5.2 区块链世界中的行为经济学

5.2.1 如何向朋友介绍区块链

"什么是区块链?"
"什么是比特币?"

所有身处行业中的人在向朋友介绍区块链时,都会被问到上述问题,你能否用一句话简洁明了地回答呢?

"区块链是分布式数据存储、点对点传输、共识机制、加密算法等计算机技术的新型应用模式。"

"比特币是一个去中心化的、点对点形式的加密数字货币系统。"

如果你原原本本地按照百度百科上面的介绍来回答（首先需要花不少时间才能准确背下来），对方很有可能是无法理解的，因为其很难直观地体会这两句话的含义，所以你可以如下简单地解释：

"区块链是下一代的互联网，之前我们通过网络只能发送信息，现在可以直接传递价值了。"

"现在的转账是通过银行、支付宝或微信进行的，如果使用比特币，两人就可以直接进行转账，而不需要任何第三方机构。"

通过将区块链、比特币和互联网、银行做对比，即使对方还不能完全了解具体的细节，也能够在脑海中形成较为直接具体的印象，因为比较的对象都是我们所熟知的事物。

行为心理学指出,我们的心里没有一个"内部价值计量器"来告诉我们某种物品真正的价值是多少;相反,我们关注的是这种物品与其他物品的相对优劣,以此来估算其价值。比如,就算你不知道蚂蚁 S9 矿机的价格,也可以推断出它比 S10 要贵。

在加密经济学中,经常也会通过比较来确定价值:比特币、以太坊等系统中如何保证矿工挖矿的公正?可以比较解决难题的速度,谁能更快地解决难题,谁就能得到记账的权利;对于各种共识机制,比如 PoW、PoS、DPoS 等,我们也一直在比较哪个更能够代表未来的方向。

这种比较的习惯不仅是非理性的,而且这种非理性是可预测的。我们总是靠观察周围的事物来确定彼此的关系,不仅表现在对待有形物体上,也包括无形的体验,甚至在对待暂时易变的事情如感情、态度、观点等时也是这样。

相对论可以帮助我们在生活中做出各种决定,但它也能使我们痛苦无比。比如,你在接触区块链之前的正常年薪是 10 万元,在进行比特币投资后变成了 50 万元,这当然是一件值得高兴的事情;而如果在你知道了周围的朋友最少赚了 100 万元的时候，还能开心吗？

如果我们能够控制自己比较的范围，转向能提高我们相对幸福度的圈子，将会生活得更加舒心。

5.2.2 为什么你对 30000 的比特币无动于衷，而有人却趋之若鹜

2017 年 9 月 4 日，国家开始对 ICO 进行监管，加密货币一路下跌，腰斩只是基本的，暴跌 80% 随处可见，无数人损失惨重。

但经过 3 个月的市场规范，加密货币市场又赢来了一波大牛市，无数当初被认为绝迹的币种焕发了比之前更加耀眼的第二春，比特币在 12 月更是突破了 14 万元人民币的价格，让无数人纷纷叹息错过了最佳的抄底时机。

在这段时间，有人慌不择路，有人淡定抄底，为什么在面对同样的情况时不同的人进行了截然不同的选择？

行为经济学指出，人们进行决策时，思维往往会被得

到的第一信息所左右，就像沉入海底的锚一样，把你的思维固定在某处，进而对你产生自己都意识不到的影响，这叫作"锚定效应"。

锚定效应可以很好地解释我们对于比特币价格的不同接受程度，在刚刚接触和了解比特币时，不同的人对于其具有的价值的理解明显不同：

A认为比特币就是一串毫无用处的代码，根本不具备货币的属性，现在之所以有价格都是由于炒作，迟早有泡沫破灭的一天，无法接受其历史价格一直增长，并且绝对不会买入，比如因拒绝100个比特币而出名的郎教授。

B认为比特币是由挖矿产生的，所以其价格应该等同于挖出比特币的成本（设备投入＋电费＋维护），所以会在高于成本时卖出，比如花了1万个比特币买了两份比萨的程序员。

C认为比特币是未来的全球支付方式之一，可以媲美当前黄金总价值，所以每个比特币价值约为1300美元。

D 认为比特币会彻底颠覆现有金融系统，等于未来的全球总价值，所以现在的价格从长远来看还是低点，就像大家常说的一句话："长期来看，现在永远是抄底的最佳时机。"

我们不对上述想法的合理性做出评价，只是给出不同人在刚接触比特币时对其价值的第一印象，除非发生重大事件而颠覆认知，否则在以后这个最初的价值或价格将作为一个"锚点"，成为判断当前是否应该买入或卖出的重要标准。

同样的道理也可以用在 ICO 中，在 2017 年整个币圈野蛮生长的时候，一个项目有没有"大咖"站台，对该项目所得到的关注度和众筹总额有着极大的影响，因为对于不了解该项目的人来说，自然将对"大咖"的绝对崇拜和信任锚定在了项目上。

以上说明了对于我们所做的许多决定，不论是不经意的还是经过深思熟虑的，锚定在其中起着重要作用。

可以将加密货币市场看作一个完全的自由市场：如果

你认为某个项目很有前景，那就进行投资，这样的交换对双方都有利。也就是说，交换行为是否互利取决于市场上的交易双方是否真正清楚所交换物品的价值。

但是，如果我们的选择经常受自己最初的"锚"的影响，那在此之上做出的选择未必能准确反映我们从这些项目代币中获得的使用价值与快感（许多项目的代币是否真的具有使用价值还是未知数）。这样一来，如果我们无法准确计算项目的价值，而仅仅跟在任意的"锚"后面走，就无法弄清这笔交易是否能让我们受益。

比如，由于不幸的初次锚定，我们可能会错误地用比特币（初次的锚定价较低）投了一些垃圾项目（初次的锚定价反而高），最终以惨淡收场。

或许现在到了清点一下我们留在币圈中的"锚"的时候了，之前我们推崇的某位"大咖"，现在是否还像当初认为的那样靠谱？曾经发誓打死不卖的代币，重新对项目审视后还依然决定留在手中吗？一旦对旧的选择重新做了考虑，我们就会向新的决定、新的一天、新的机会敞开大门。

而在帮助我们对之前的"锚"进行反思的时候，区块链可以在很大程度上帮助我们，由于其对信息记录的不可篡改特性，我们可以查阅所有的记录，并对其曾经的一系列表现进行重新评估——历史总是最好的老师。

5.2.3 为什么那么多项目喜欢空投

假如某一天你下班回到家中，躺在沙发上习惯性地打开了 imToken 钱包，随后发现自己余额列表中突然多了一个陌生的代币符号，以及数量不等的代币。如果是刚开始遇到这种情况，相信你起码会小小地激动一下，不过现在的你对此早已习以为常：不过又是哪个项目"空投"而已。

空投指的是某个人或某个组织将制作的代币（也叫免费糖果）大范围地撒向用户的钱包，很多用户对此来者不拒，甚至会主动去寻找各种消息渠道来获取免费糖果，也有人设计了对应的程序和网站，专门收集最新项目空投的信息。

除了空投外，还有一种主流的免费获得项目方代币的方式，即经常出现在各种炒币信息群或者朋友圈的信息。

这不仅是项目方的推广，很多交易所也通过这种方式获取用户（比如免费赠送自己的平台代币），尤其是按照邀请的注册、加入电报群人数获得对应代币奖励的方式，效果往往很好。

免费的东西让人感觉良好，这不是什么秘密。"零"不仅仅是一种特别的价格表示方法，它还能唤起热烈的情绪——成为一个非理性兴奋的来源。如果某个项目的代币单价从1元降到5角，你会参与吗？有可能。如果从5角变为免费赠送呢？你会不会争着伸手去拿？肯定会！

零成本竟然如此不可抗拒，这是怎么回事呢？为什么免费使我们如此高兴？说到底，免费有可能给我们带来麻烦：我们原本没打算买或压根儿不想买的东西一旦免费了，就会变得难以置信地吸引人。

你有没有为了得到免费的代币，而去注册根本没听说过的交易所并进行实名认证，或者是将邀请链接分享到朋友圈和各种群？尽管这个项目可能是空气，其代币毫无价值。

免费最大的问题在于，它引导你在它和另一个项目之间挣扎，并引导你做出不明智的决定。你觉得区块链＋物联网有很大的发展潜力，想要投该领域的项目，在你大致阅读了某个项目的白皮书后，觉得其团队、技术都可以，但是最终却投了另外一个看起来比前者稍微差一点的项目，原因是它有额外30%的优惠。你放弃了更好的选择，投了原先你不想要的项目，这完全是优惠的作用！

免费到底为什么如此诱人？为什么我们有一种非理性的冲动，见到免费的东西就想伸手拿，即使并不真的需要这些东西？

麻省理工学院的经济学家丹·艾瑞里认为，多数交易都有有利的一面和不利的一面，但免费使我们忘记了不利的一面。免费给我们造成一种情绪冲动，让我们误以为免费物品的价值大大高于它的实际价值。这或许是由于人类本能地惧怕损失，免费的真正诱惑力是与这种惧怕心理联系在一起的。我们选择某一免费的物品不会有显而易见的损失，但是假如我们选择的物品不是免费的，那就会有风险，可能做出错误决定并且蒙受损失。于是，如果让我们选择，我们就会尽量朝免费的方向去找。

因此，在确定价格的过程中，"零"就不单单是价格了，它创造的价格效应非常特别，这是其他数字无法比拟的。

为什么很多项目众筹的单位成本随着时间的推移而增高？比如在项目开始的第一周，有40%的优惠，随后每周递减10%，直到不再有优惠为止，而这就是利用了免费的心理来促使投资者尽快投入进来。如果你是在第四周才发现这个项目的，并且知道了之前的优惠力度，那么即使你对其感兴趣，也很有可能选择放弃。

我们举一个简单的例子。某个项目（比较靠谱）处于推广期间，在你注册后有两个选择，并且只能选择一个：一个是获得价值100元的代币——免费，另一个是价值200元的代币——你需要付70元。想一下马上回答，你选择哪一个？

如果你选择免费获得100元的代币，那你就和大多数人一样。回头稍微计算一下就知道：价值200元的代币花70元，你的净得是130元，收益肯定比免费的100元代币要多。从上述例子中你能看清楚现实中的非理性行为吗？

从项目方的角度来看，通过大范围空投，可以激励得到代币的人去了解和宣传该项目，以使得手中的代币增值，这将会成为之后的一个常见的推广方式。

5.2.4　DAO 真的是未来主要的组织形式吗

近期你经过仔细的研究和调研，发现了一个非常不错的项目，但是由于某些原因，你没有合适的渠道进行参与，于是你找到一位渠道非常广的朋友寻求帮助。

朋友爽快地答应了。

于是你转给他 10 个 ETH（这是你能动用的最大资产），随后朋友也将该项目的代币一分不少地转给了你，甚至转账手续费也是自己出的。

一个月后项目上线，表现得确实不错——对比成本价有 50% 涨幅，你因此赚了一笔钱。

于是，你请朋友出来吃饭表示感谢。

你一边道谢一边拿出钱包："这是 1000 元，请收下。"

朋友随后会如何反应？会很开心地收下这笔钱，还是会笑得很勉强，甚至是直接拍桌子走人？

为什么在一些类似的情况下，用金钱感谢所取得的效果比不上简单的口头感谢？

玛格丽特·克拉克、贾德森·米尔斯，以及艾伦·菲斯克给出了答案：我们同时生活在两个不同的世界里——一个世界由社会规范主导，另一个则由市场规范来制定法则。

社会规范包括人们互相之间的友好请求，比如，请问这个项目什么时候开始众筹？请问我如何参与这个项目？社会规范潜藏在我们的社会本性和共同需要里。它一般是友好的、界限不明的，不要求即时回报。你帮一个人解决问题，并不意味着他也必须马上帮你解决问题，就好像帮别人开门一样——它为你们双方都带来愉悦，但并不要求立即、对等的回报。

另一个世界与此截然不同：被市场规范所统治。这里不存在友情，而且界限十分清楚。这里的交换是黑白分明的：工资、价格、租金、利息，以及成本和盈利。这种关系未必是邪恶与鄙俗的。事实上，它同时包括了自立、创新以及个人主义，但是的确意味着利益比较和即时偿付。如果你处在由市场规范统治的世界里，就必须按劳取酬——它从来就是这样的。

我们同时生活在社会和市场两个世界里，这一事实关系到我们生活的方方面面。我们不时地需要有人帮我们搬东西，替我们照看几个小时孩子，或者在我们出城时替我们收一下信件。怎样才能更好地"激励"朋友帮助我们，或者为社区做贡献？这很难做决定——特别是有的时候，存在着把关系推向市场规范领域的危险。

社会规范和市场规范的微妙平衡在商界也表现得很明显。比如，很多公司试图和其雇员建立社会规范，因为看到了营造社会规范氛围的优势，随着技术的不断发展，工作与休闲的界限也越来越模糊。企业的管理者想让我们在开车回家的路上甚至是淋浴间里也想着工作，于是，给我们配了笔记本电脑、移动电话来消除工作场所和家庭的界限。

对于公司来说，社会规范有更大的优势：可以让雇员热情、勤奋地工作,并且关心公司。在市场规范下,雇员对雇主的忠诚度常常会减弱,而社会规范是激励员工保持忠诚的最好办法。

开放源代码软件显示出社会规范的潜力。在Linux(一款操作系统)和其他协作项目中,你可以把问题发表在任何一个论坛里,随后很快就会有很多人回应你的问题。这些网络社区里的人都乐意把时间贡献给整个社会。

万向区块链实验室发起人肖风在金融科技海上夜话活动上指出:

加密经济学在讨论什么问题?首先,我们讲到了区块链,因为整个区块链的经济组织的运行不是靠人,不是靠公司,靠的是数学算法。点对点的交易靠的也是数学算法,一套数学算法,一个人用和一万个人用边际成本是不增加的。尤其是边际成本趋于零,那我们还需要"公司"这种组织制度吗?"公司"之所以被发明出来,之所以有存在的必要,是因为市场交易成本太高,我们有必要把某一部分市场功能内化为企业内部的流程降低成本。之所以企业能够存在,是因为内化以后的某些功能的成本会低于市场。当边际成本变成零的时候，就不需要公司了，因为没有存在的道理了。

而基于加密经济学成立的社区，或者是去中心化组织，会更好地处理社会规范和市场规范两者的关系。

或许将来我们会习惯于一个"无钱社会"，它将会完全摒弃掉市场规范：在这个社区中的一切行为活动都不接受钱币，相反，整个社区实行的是贡献交换经济——你给别人东西，别人也会回赠东西给你。在这里，大家为了同一个目标努力，开发人员会自觉贡献和更新必要的代码，运营人员会发表文章和通讯稿，设计人员会收集大家的意见进行产品和页面的创造，而所有人所付出的劳动都被忠实地记录在区块链上，并可以凭此得到社区所能提供的所有产品和服务。这将是最具包容精神、最具社会性、最有爱心的社区。

5.2.5 如何约束我们的冲动？或许你需要一份智能合约

对于我们很多人来说，理性消费和理性投资是很难达到的：我们清楚地知道自己每月的固定收入，并且知道为了以防意外应该进行储蓄，但我们依然会在看到自己喜欢的东西时毫不犹豫地入手。

同样，对于专注于区块链方向投资的个人投资者，如果你去看任何一篇区块链项目投资的建议或指南，都会发现其首要强调的是合理的资产配置，一般是你可支配盈余的10%～20%，但是有多少人真的是按照这个比例进行投资的？

相信你身边辞职炒币的大有人在，甚至卖房炒币也不是特别罕见的事情。

而不仅是在消费和投资领域，我们在其他方面的行为决策也与我们自认为的那样不符。

当我们保持冷静、理性时，对于行为决策的判断是符合一系列逻辑标准的，相信很多人说过："我就偶尔炒币，不会把自己身家搭进去的。"我们认为自己了解自己，了解自己的偏好，了解自己有能力做什么，但是，我们往往对自己的反应估计不足。

用弗洛伊德的术语，我们每个人都有一个黑暗的"本我"、一个"自我"和一种从不可预测的"超我"那里获取控制权的兽性。于是，平时理性的朋友会因为错过一个好项目而大发雷霆，诅咒项目和代投方开盘破发；好脾气的人，会在市场暴跌时变得情绪暴躁；说只用自己零花钱投资的人，会在比特币暴涨时投入全部身家。这些平素的好人都认为了解自己，但是在情绪极度亢奋时，一念之差，一切都变了。

面对随时会出现的非理性，我们该如何应对呢？

行为经济学家通过实验表明，如果有专制的"外部声音"发出命令，我们多数人会立正倾听。不过最好的办法似乎是给人以自行设定底线的机会，选择他们喜欢的行动路径。这种做法可能不如强制性规定那样有效，但是它能够帮助我们把自己推向正确的方向。

底线是什么呢？我们在自我控制上有困难，这种困难与即时满足及延后满足有关——这是明摆着的事实。但同时，我们面临的每个问题又都有潜在的自我控制机制。如果我们无法从领到的工资中抽出部分进行储蓄，或许可以让雇主自动帮我们扣除；如果我们无法控制投入多少资金进币市，那么可以通过其他人进行监督。有很多可以使我们实现自我控制的工具，能帮助我们实现自己的愿望。

是的，相信你的脑海中已经浮现了"智能合约"这个概念，可以通过设置智能合约来帮助我们控制自己的行为。

以信用卡消费为例，多年以前，美国有一种"冰杯法"能减少信用卡消费。这是在自己家中矫正消费冲动的方法：把信用卡放到一杯水里，把杯子放到冰箱里冻起来。然后，如果你一时冲动又决定买什么东西，就必须先等杯子里的冰融化了才能取出信用卡。到那时，你的冲动可能就会消退。

当然，对于现在拥有无数张信用卡以及开通了蚂蚁借呗和花呗的你来说，把信用卡和手机放到冰箱里冻起来可不是个好主意，所幸智能合约为我们提供了新的解决方案，给我们创造了一种更加有效的机制，既有自由选择权同时又有内在的限制。

想象有一张提前写好智能协议的信用卡，它能帮助你限制消费行为。你可以事先设定在每类商品、每家商店的消费限额以及每次消费的限额。比如，你可以把零食消费限制在每月300元，服装类消费限制在每季度2000元，娱乐消费限制在每月200元，并且在晚上10点后禁止甜品类消费。

如果超过消费限额怎么办？这完全可以由你自己来决定采取何种措施，比如设定信用卡自动拒付，转为定期储蓄，捐给慈善机构，甚至可以由系统自动发布到你的朋友圈：

"是的，我又一次违约了，在2020年2月22日23点12分没有坚持自己的减肥计划，叫了一份烧烤外卖和一瓶可乐，请大家速来围观。"

想象一下那些开始进入市场的带有智能合约的信用卡的潜力，这些智能卡提供了一种可能性，即按每个人不同的需要定制消费计划，并帮助人们明智地管理信贷。当然也可以开发其他类似的带有智能合约的工具，帮助我们更好地掌控自己的生活。

5.2.6　多种选择的困境：为什么我们希望参与所有的项目

2017年是数字货币和ICO爆发的一年，随便一个币圈的人，都可以轻松地回答几个暴涨的币种，成百上千倍的收益也彻底点燃了我们对于ICO的追求热情。

你是否曾有过这样一段经历：由于没有机会参与到一些暴涨币种的众筹，所以不想再错过任何一个可能的项目，于是每天无心于原有的工作，而是时刻翻阅一切有关最新项目的消息，加入了上百个项目投资讨论群，不辞辛劳地进行切换查看？

然而我们的精力是有限的，我们的资金也是有限的，不可能参与所有的项目，况且也不是所有的项目都靠谱。

就算你非常同意这一点，但看到群里有人发新项目的信息，或者是新建了一个项目群的二维码时，你仍然会条件反射般地加入其中，然后熟练地打开群设置，取消群消息提醒，当然如果这个项目真的有前景，你会将其置顶。

其实不只是项目，很多人也同时关注着上百个币种的价格走势——虽然自己持有的只有不到十分之一。那么是什么原因让我们想要关注一切项目信息的呢？

在当今世界，我们竭力为自己保留各种选择余地，往往认识不到保留余地的同时我们也放弃了别的东西——为了一些不一定重要的事情疲于奔命，却忘记了在真正重要的事情上下功夫。结果可能是由于关注的项目太多，导致没有精力深入研究几个精品项目，而错过了投资的机会。

更多的选择余地给我们造成了哪些后果？我们为什么非要给自己保留那么多选择，即使这些选择要付出非常高的代价？我们为什么不能一心一意、全力以赴地做事呢？

耶鲁大学教授申吉英通过实验指出：一般来说，在有明确目标指引的情况下，我们都会努力追求最大限度的满足。理想情况下，我们会尝试所有可能的选项，然后从中选择最符合心意的。然而事实并非如此，因为时机稍纵即逝，你不可能等到所有项目分析完毕后才要求项目方开始众筹，所以你总会错过其中的一些，当然最好的项目也可能就在其中。怎样才能摆脱这种非理性的冲动，不去追逐毫无价值的多余选择呢？哲学家埃里希·佛洛姆在1941年写了一本书——《逃避自由》。他说，在现代民主制度下，困扰人们的不是缺乏机会，而是机会太多，令人眼花缭乱。这在今天的社会里表现得更明显。人们不断提醒自己：我们可以做到一切，可以成就自己期望的一切。

问题在于是否能实现这一梦想。我们必须尽一切可能全面提高自己，必须对生活中的一切加以尝试，必须在有生之年把人生必看的1000种东西全部看遍。随之而来就产生了一个问题，这样做下去，难道不会把自己搞得疲惫不堪、心力交瘁吗？

我们有必要放弃一些项目，因为这些项目既费时还挤占了我们的参与机会，使我们无法顾及那些有价值的选择，并使我们疲惫不堪。

5.3　行为经济学与加密经济学的交集

从前面的介绍可以看出，在日常生活和行为决策中，我们并不像传统经济学中那样一直保持理性并且获得的信息全面，而加密经济学中的智能合约，可以作为外部约束来帮助我们进行更好的决策，区块链本身的公正、公开特性也会让我们获得想要了解的信息，而非像之前那样各种数据都是由第三方中介掌控的。

可以预见的是，随着区块链技术的不断成熟，以及加密经济学理论的逐步完善，我们将迎来一个更加美好的世界，而这也是想要进入这个领域的公司所应该考虑的。

第6章

加密经济学与区块链安全

加密经济学很容易让人联想起现实世界中的经济学，它们有类似之处，但是又不完全一样。现实世界中的经济学更多是研究社会上经济运行的规律，比如，研究人们如何做出选择，这样更容易使政策更好地配合经济社会进步与发展。而加密经济学，更多的是去做一个机制设计（Mechanism Design，一种结合微观经济学和博弈论的分支领域）。我们可以这样简单来理解：加密经济学是在加密数字世界，重新制定一个符合经济学效率的框架与规则，而这里的一切基于代码来实现，并且里面包含了合理的激励制度。因此，加密经济学更多是从设计这个角度出发的。而现实中的经济学，更多是从现有的社会结构中发现规律，并顺从规律。

从另外一个角度来看，现实世界中的经济规律会受到很多方面因素的影响。而在加密数字世界里，所有的运行规则已经被代码确定下来，并且代码规则大部分都是开源的，也就是说最后能留下来的链都是获得大多数共识的。这也就体现了它的公平性，同时还兼顾了最重要的可信赖性。

当然，只解决公平与可信是不够的，因为这里所有都建立在另外一个最重要的前提之下：安全性。

既然被看作是未来的价值互联网，那如何确保在去中心化的系统中价值得到100%钢铁般的保护，就是重中之重。下面，我们先来了解一下在加密经济系统里影响安全的主要因素。

6.1 女巫攻击

女巫攻击这个名字是根据 Flora Rhea Schreiberie 在1973年的小说《女巫》（Sybil）改编的同名电影而来的，该电影讲述的是一个化名 Sybil Dorsett 的女人进行心理治疗的故事。她被诊断为分离性身份认同障碍，兼具16种人格。

作为引申意义,这里指在对等网络中,节点通常具有多个身份标识,通过控制系统的大部分节点来削弱冗余备份的作用。

在一个对等网络也就是P2P网络中,因为不同的用户可以随时加入、退出节点,所以为了维持网络稳定性,人们会将同一份数据备份到多个分布式节点上,这也就是我们说的数据冗余机制。而女巫攻击的最终目的就是攻击数据冗余机制。

比特币网络主要的账本确认是通过矿工提供的算力来维护的,假设网络中某一个矿工为了某种目的需要改变这个网络的规则和结果,比如出块速度(我们确实无法保证每一个矿工都是诚实的),如果这样的矿工计划要达到目的,那他就可以投入巨量算力或者买通其他矿工来达到目的。

所谓投入巨量算力,逻辑很简单,就是购买矿机硬件,自己生产算力,不过这样需要巨额的花费。如果想控制比特币网络,按照目前的币价,估计至少需要30亿~40亿美元。这种控制整个网络的记账权的方式也叫51%攻击。

我们来看看第二种情况，如果联合足够多的矿工来修改结果就是一种作恶行为。作恶的矿工如果联合起来的人数足够多，就可以只针对自己想要打包的交易进行打包而忽略其他交易。

冗余度低的网络随时有面临女巫攻击的风险，几名大矿工随时会串通，用大于或接近51%的算力（出块权）去摧毁网络，在关键时刻不打包、不记账就已经很致命了（比如战争时期）。

一旦恶意节点掌握了自由记账的权利，那么我们就可以说女巫攻击成功了，同时也可以宣布整个网络将变得不可信，也就失去了价值。

虽然女巫攻击的原理很简单，但是我们却无法完全杜绝这种现象。一旦记账权被少数人垄断，他们可能随时背叛，从诚实节点变成发动女巫攻击者。

传统网络和区块链网络中女巫攻击的成本

前面简单说明了在区块链网络中女巫攻击的原理。其实就女巫攻击来讲，在传统网络中进行攻击更容易。之所以说容易是因为成本低。由于在传统网络中发动女巫攻击的成本极低，所以一旦成功执行攻击，那么恶意攻击者将会有比较大的收益。退一步说，即使没有成功，他也没有什么损失。

从经济学角度来看，凡事都有成本，是否值得做一件事情成本是一个重要的考量因素。反过来看我们最熟悉的比特币网络，从 2009 年开始运行到现在，在没有任何中心化管理的情况下还是安全地运行着。这里面就是因为中本聪最开始设计的时候，就已经将成本问题考虑在内了。也就是说，如果在比特币网络中，你要进行女巫攻击，那么你是要付出成本的，而且成本还不小。

至少你要有算力（也就是矿机），还得付出费用高昂的电费。所以以盈利为目的的恶意节点会发现这样做根本不划算；也许你会想到会不会有这么一类恶意节点，它们根本就不是以盈利为目的的，而是只要扰乱这个网络或者直接让其崩溃就好了呢？其实只要稍微了解多一点就会知道，你要做到控制比特币网络的共识机制，那必须要付出至少 30 亿美金的硬件成本。这里说的还只是直接购买设备的成本。如果是要行贿不同的矿工进行恶意攻击，那么你肯定要付出比正常挖矿还要高的成本才能达到目的。

在这里，经济规律起到的作用非常强大，杜绝了希望通过女巫攻击来拖垮比特币网络的现象。这也是加密经济学的巧妙之处。

当然由于比特币网络的算力过于强大，现在进行女巫攻击成功概率肯定是非常小的。但是新出现的网络可能就没那么幸运了，由于网络算力不足、节点不足，对其进行女巫攻击的成功概率就会大很多。因为女巫攻击夭折的项目也有不少。

对女巫攻击的防范，就是记账权（出块权）的博弈，最终参与的人数越多就越不容易合谋，比如不同国家、不同利益集团。参与者越多，网络也就越安全。但是这又引发一个问题，当网络想要升级时，原本有利的竞争矛盾，就会对软件改进形成阻力。这犹如一把双刃剑，如何利用和平衡利益，是未来区块链网络共识机制需要从加密经济学角度不断探索的问题。

6.2 分叉：软分叉和硬分叉

6.2.1 分叉、软分叉和硬分叉的概念

分叉是分布式共识的副产物，只要两个矿工几乎同时产生区块就会发生分叉。当后续区块添加到其中一个区块，这种不确定性就会消失。使这个链最长，另一个区块则被网络"孤立"或"抛弃"。另外，随着比特币持续发展，各种比特币的 Bug 需要修复，以及比特币协议也需要不断完善，比特币网络通过分叉的方式进行不断升级。然而比特币网络毕竟跟原来的中心化软件不一样，原来的中心化软件只要升级中心节点的软件即可，而比特币网络的升级只能靠分叉进行。分叉又分为软分叉和硬分叉，软分叉和硬分叉是比特币网络升级部署的两种方式。当开发者想修改比特币的共识算法时，也可以自愿对网络进行分叉。当一个区块包含无效交易，该区块将被网络忽略，发现这个区块的矿工就会失去区块链奖励。因此通常矿工只想挖到有效的区块，并加入最长的链。

1. 分叉

在区块链中，由矿工挖出区块并将其链接到主链上，

一般来讲同一时间内只会产生一个区块,如果同一时间内有两个区块链同时被生成的情况,就会在全网中出现两个长度相同、区块里的交易信息相同,但矿工签名不同或者交易排序不同的区块链,这种情况叫作分叉。区块链会分叉成产生两条不同的链,拥有相同的祖先。

2. 软分叉

软分叉指在区块链或去中心化中向前兼容的分叉。向前兼容意味着,当新的共识规则发布后,在去中心化架构中节点不一定要升级到新的共识规则,因为软分叉的新规则仍旧符合老的规则,所有未升级的节点仍旧能接受新的规则。在这种情况下,没有完整的节点执行旧规则,也没有矿工生产符合传统规则的块。所有完整的节点都已升级,以执行软分叉规则,所有矿工正在生产符合软分叉规则的块。因此,链没有分叉。这种情况下就是软分叉区块链。

3. 硬分叉

硬分叉指在区块链或去中心化网络中不向前兼容的分叉。硬分叉对加密货币使用的技术进行永久更改,这种变化使得所有的新数据块与原来的块不同,旧版本不会接受新版本创建的区块,要实现硬分叉所有的用户都需要切换到新版本协议上。如果新的硬分叉失败,所有的用户将回到原始数据块。硬分叉的一个例子是比特币2017年纽约共识的破裂,最终由比特大陆从比特币上分裂出BCH,将区块的大小限制从1MB增加到2MB。尽管以前认为2MB块在比特币网络是无法兼容的块,但是在硬分叉激活之后,将兼容2MB的块。

另外一个著名的分叉事件是以太坊上的The DAO硬分叉,那也是展示社区规则分歧的最好分析案例。原先的以太链变成了两个不同版本的区块链——ETC和ETH,它们各自有不同的理念和Token。

6.2.2 软分叉和硬分叉的主要特点

1. 软分叉的特点

软分叉的特点如下:

1)不会产生新的链;
2)由于交易数据以及区块数据结构的限制,不能通过

软分叉实现复杂的规则改变,比如改变区块容量的大小;

3)执行方便(不想升级的话,可以不用管)。

2.硬分叉的特点

硬分叉的特点如下:

1)会分叉出新的链;

2)不用考虑旧节点对新节点的兼容问题,同时可以对交易数据和区块数据结构做大的改变;

3)执行起来相对复杂(不升级节点的矿工会保留在原来的分支上)。

6.2.3 分叉的意义

从目前的主流观点来看,总体对分叉是持积极观点的。由于软分叉对网络的改变有限,这里就重点谈谈硬分叉给整个生态系统带来的改变。

1.分叉可以输出创新

比特币分叉最出名的应该属于分叉出来的比特币现金

BCH，这里有一个重要的原因是比特大陆和 Core 团队的恩怨。比特大陆是目前全世界最大的矿池，由于在区块扩容和隔离认证上不能达成一致共识，最后比特大陆决定比特币现金（BCH）在网络区块高度达到 504031 之后，完成了一次硬分叉。此次硬分叉完成后，比特币现金更新了网络难度调整算法 DAA，并将区块容量从 1M 提升到 2M（截至 2018 年 3 月，已经开始使用区块容量 4M）。

在 BCH 分叉后，紧接着出现了上百种的分叉币，每个都有自己的更新特点。所以，我们可以看出，硬分叉其实是为整个生态带来创新的一个过程。从中本聪发明比特币起，就并没有限制过比特币的硬分叉行为。分叉出来的这些不同特性的各种比特币，可以在市场中充分地竞争，筛选出最适合人们的币种。

2. 分叉与社区的关系

分叉就是共识无法达成一致的结果，在上面的例子中比特币社区无法达成一致，就导致了比特币区块链分叉。如果无法完成分叉怎么办呢？很遗憾，如果没办法通过分叉来解决，那可能就会导致团队分道扬镳。比如我们熟悉的比特股创始人 BM（Dan Larimer），就是因为和社区无法达成共识,最后只能无奈离开团队。

所以,无论是从创新还是社区稳定来讲,硬分叉都是有自己存在的合理性和积极的意义的。

由于以太坊在处理高并发事件上的糟糕表现,V神已经在考虑PoS共识机制,但是如果这样做可能就会触及大量原有矿工的利益,那会不会最后也通过硬分叉来解决共识问题呢?

6.3 P+Epsilon 攻击

在现实世界中,我们总是很难判断一个人到底是好人还是坏人,是自私的还是利他的。在民主世界中,少数服从多数已经是一个普遍的共识。但是是否只要是多数人赞成的结果就一定是合理的呢?我们首先排除作为个体的人会在情绪受到影响时所做出的非理性行为。我们假设所有人都是为了自己的利益而进行选择的,那么我们也就会意识到,即使看似非常公平的民主投票制度也蕴含着很多不公平,甚至是错误。

比如在经济学中所讲的阿罗不可能定律,这条定律主要有两点:

1)即使在公平投票的情况下,通过选票也不一定能反映大多数人的意愿。

2)投票很容易被主持者引导到需要的结果。

要避免出现这样的问题,就要通过投钞票而不是投选票来解决。如果在公平的投票环境下都会存在问题,如果投票被操控,那么可以肯定,最后受伤害的一定是普通大众。

因此,这也是去中心化区块链网络的最大意义所在,让所有的账目、选举都公开透明。这也是人们追求的目标。

同样,现实世界中的经济规律在加密经济学里也是类似的。在区块链世界里,每个节点都要不断地做选择,去确认哪个区块是真实的,这也是一个投票过程。在这个投票过程中会有可能被恶意的节点所利用,比如行贿。这里说的 P+Epsilon 攻击就是一种这样的过程。

6.3.1 什么是 P+Eplison 攻击

假设存在一个简单的 Schelling 游戏，用户在这个游戏上投票决定某个特定事实的结果，真实为"1"，虚假为"0"；

这时每个用户都可以根据自己的认知进行投票：1 或者 0。如果投票完成后，用户投的选项和全体投票中占多数的结果一致，那么用户就可以获得奖励 P；否则，就没有奖励。我们可以将其制作成一个收益矩阵图，如图 6.1 所示。

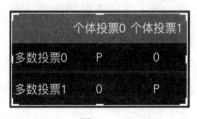

图 6.1

这里的理论逻辑是，如果每个人都希望其他人真实地投票，那么他们的动机也是为了遵守多数而真实地投票，这就是为什么人们都相信且愿意去投占多数的票；在这种情况下，系统达到了一个自我增强的纳什均衡。

在这里我们可以看到：如果个体投票给0，如果结果出来，多数投票也是0，那么个体可以得到奖励P；如果个体投票给1，结果出来后，多数投票投给了0，那么个体将不会得到奖励。

其他两种情况类似。

显然，这是一个理想的状态。那么，如果系统里有不诚实甚至是作恶的投票者又会怎么样呢？

现在，我们看看万一存在攻击的情况。假设有足够资金实力的攻击者承诺（有足够资金就会让别人对他产生信任），如果投票结果为0胜出，则向投1的选民支付P+ε（给予投少数票的投票人奖励）。如果投票结果为1胜出，则不支付任何费用（不奖励投多数票的投票者）。现在，收益矩阵变成图6.2所示。

图　6.2

对于投票者来讲：如果投票人是理智的，这个选择题就非常简单了，因为选择投 1 是最符合自己的利益的，因为投 1 最坏的结果也就是得到奖励 P，运气好点说不定还能得到 P+ε。

对于攻击者来讲：作弊一旦成功，攻击者根本不需要支付任何费用就可以达到目的。很简单，如果本来不被大众认可的选项 1，有很多用户被攻击者说服去投票，而且变成了最终结果，那么按照约定，只有投票结果显示选项 1 是少数派的时候才会得到 P+ε。

不得不说，从逻辑上来讲，P+ε 攻击是非常完美的攻击方式。只是从目前来看，这个做法还是需要不少成本的，就看你是否真的需要这么去做。

6.3.2 防范 P+Eplison 攻击

其实这个问题 V 神早在 2015 年就已经分析过，这也是后来计划将以太坊更新到 Casper 的一个重要原因之一。Casper 包括的内容很多，有兴趣的朋友可以上网搜索，我们目前只要知道这是一个 PoS 共识机制就可以了。

从上面的例子可以看出，P+ε最大的问题就是攻击者可以不用预先付出成本就可以组织攻击，他只要证明自己有足够的支付能力就行了。而在Capser里，任何投票者的投票权重将直接与自己所持有的资产关联。换句话说，就是你要在做出选择前被强制要求抵押你的一部分资产（以太坊里就是抵押以太币）给系统，然后根据这部分资产的多少决定你的话语权。这样就会极大增加作恶者的作恶成本，每个投票者只能选择真实的结果做出选择，如果要更改结果，投入到了少数派，那么有可能不但无法获得奖励，还会失去抵押出去的所有资产。

在这种情况下，如果作恶者要买通其他投票者，只能是展示自己更多的资产，这样才能获得别人的信任。

6.4　DAO攻击

说到DAO攻击，我们就得先了解一下这段故事的历史。

2015年7月30日,V神和以太坊基金会创建了第一个基于区块链的图灵完备智能合约平台。这一天以太坊正式和公众见面。接着Sock.it设计了The DAO以太坊合约,并在2016年4月30日正式部署The DAO智能合约。2016年5月27日完成了当时全世界最大规模的众筹,一共筹集了1.5亿美元。

2016年6月17日,The DAO被黑客攻击并盗取了大量的以太币(3 641 694ETH)。这就是著名的DAO攻击。也正是因为这一次攻击对原以太坊伤害巨大,最后在百般无奈之下,为了挽救The DAO投资者的损失,最后决定硬分叉。在2016年7月20日,于区块高度1920000硬分叉成功。被废弃的原链就是现在的以太经典ETC。

翻看历史,这次DAO攻击可以说是威力巨大,其所产生的破坏力差不多摧毁了以太坊。宣布被盗币的当天,以太坊价格暴跌50%。

那么这个DAO攻击到底是怎么回事呢?

攻击者利用了合约中的一个致命漏洞。攻击者创建了一个合约，去调用 The DAO 合约的 splitDAO，并利用漏洞让 The DAO 智能合约调用攻击者新建合约中的"（ ）"函数，在函数中再去递归调用 splitDAO。这样直到 gas 耗尽，或者达到 stacklimit 内存堆栈上限，或递归次数上限的时候才会停止。在这之前，可以不停转出账户余额，并且不会减少自己的余额。

现在这个漏洞早就被补上了，相信不会再出现这种递归调用的 Bug 了。

The DAO 的加密经济学意义

从某种意义上来讲，The DAO 是自比特币后最重要的一个社会实验，在一个所有人都习惯了的中心化管理的世界中，如何实现去中心化的管理呢？

首先我们看看项目从最开始到启动的流程：

1）由一些人编写所要运行组织的智能合约（程序）。
2）有一个初始资金期，人们通过购买代表所有权的代币（称为众筹或 ICO）向 DAO 提供资金来源。

3）集资结束后，DAO开始运作。

4）然后，人们可以向DAO提出关于如何使用资金的建议，而持有代币的会员可以投票批准这些建议。

可以看出，从程序编写，到资金筹集，再到决策产生，都是基于尽可能分散化的原则。这其实也是加密经济学的一个重要的普遍性：去中心化。也正因为这个特点，人们在设计DAO这样的组织时所要考虑的就不仅仅是代码的问题，因为代码所支持的是分布式特点。The DAO的愿景是通过分布式，去中心化达到社区自治，这个愿景是非常好的，但是如果没有安全的保障做前提，再丰满的理想也会灰飞烟灭。

这是公平的一面，但是我们也从这次The DAO攻击中看出，在这种经济设计基础上存在的问题：

1）当出现重大灾难时，去中心化的体系在反应上会处于两难境地。比如：解决方案提交晚了就会遭到舆论的抱怨；但是解决方案提出快速会导致更加中心化，同时因为无法顾及所有人而遭到部分抵制。

2）作恶者很难被追查到，更难被追究责任。一来因为没有专门的法律约束，二来作恶者理论上所使用的方法都是系统没有被禁止的。从软件算法方面来看，完善合约可能需要更长时间。

3）软件是开源的，也就是说提供代码的人散布在全世界，有没有恶意的程序员？能否接受匿名贡献？在一个去中心化的社区中，软件出了问题谁来负责？

4）矿工作为区块链生态的重要一环非常容易产生中心化聚集，如何给矿工分配合理的奖励，同时又限制其影响力？此次 The DAO 的解决方案中，如果没有矿工的支持，可能会是另外一个完全不一样的结果。

之所以需要去中心化，是因为我们相信没有完美的人，同样我们也要严肃地思考一个问题，是否有完美的代码？

问题还有很多，The DAO 攻击从本质上来说是一个技术失误，但是从加密经济学上来看的话，更像一个系统问题，甚至是哲学问题。

6.5 零知识证明

"零知识证明"（zero-knowledge proof）是由 S. Goldwasser、

S. Micali 及 C. Rackoff 在 20 世纪 80 年代初提出的。它指的是证明者能够在不向验证者提供任何有用信息的情况下，使验证者相信某个论断是正确的。零知识证明实质上是一种涉及两方或更多方的协议，即两方或更多方完成一项任务所需采取的一系列步骤。证明者向验证者证明并使其相信自己知道或拥有某一消息，但证明过程不能向验证者泄漏任何关于被证明消息的信息。大量事实证明，零知识证明在密码学中非常有用。如果能够将零知识证明用于验证，将可以有效解决许多问题。

零知识证明设计的项目比较多，但最出名的可能就是Zcash。

这里引用一个简单的例子。如果你捡到一个钱包，当有人来认领时，你可以通过两种办法证明这个人是否真正是钱包的主人：

1）让对方提供自己是这个钱包所有者的证据，或者如果恰巧钱包里面有身份证的话，就可以马上证明。

2）如果钱包里面没有任何证件，你可以让对方描述这个钱包的细节，如果能细致描述，比如，里面有多少钱，钱包颜色，大概遗失时间和地点等，同样也可以证明。

第二种方案就是零知识证明。也就是说，零知识证明的目的是让你请求发送者保护自己的隐私，在不公开自己身份的情况下实现交易。

在零知识证明的机制下，个人信息中只有交易金额是向交易对手方公开的，其他一切信息只有自己知道。但这样做有什么好处呢？这里就要说说比特币的交易机制了，我们知道在比特币网络中，你的公钥是对所有人开放的，也就是说一旦你的地址暴露，那么理论上所有人都可以知道这个地址里面的存款。而且，不但能够知道这个地址的存款，还能了解所有与该地址交易过的地址的存款。如上所述，你应该能感觉到问题的严重性吧？

2017年发生的WannaCry病毒事件，已经让很多受害者不得不付出比特币来赎回自己的文件。可以想象，如果将来黑客专门针对高存储值地址进行攻击勒索，那就会造成更大的损失。因此，如果要存储很多比特币，除非你能做到这个地址永远不连接互联网，否则总有被盯上的时候。财产的隐私是一个非常重要的问题。而零知识证明就能很好地解决这个问题——除非你公开，否则收款方也无法知道你的发送地址和身份。

从加密经济学角度来看，这里有两个很难调和的矛盾。一是，区块链的账本公开能更好地形成共识。二是，如果有地址被盗，通过各方共同查找总能找到一定的线索。但是一旦将发送接收地址隐匿，万一出现资产被盗，基本没有任何办法能追查得到。人们如何选择，暂时还是未知之数，自由与责任是每个人都需要思考的问题。

总结

人类在不断地追求着自由与平等，比特币的出现第一次让几乎所有人都能自由掌握自己的财富，以及平等地创造财富。但是这个前提是要有安全作为保证，没有人会为了自由而放弃安全。我们讨论了在目前区块链资产世界里遇到的几个主要的安全问题，这绝对不是全部，也许将来还会有更多的威胁。

我们遇到的威胁可能来自技术，可能来自制度。我们要跳出单一从技术层面思考的局限，将整个加密经济圈的各个组成部分进行系统性考虑才是一个合理的方法。如何平衡这个加密经济生态圈的各个环节的权、责、利是一个漫长且严肃的考验。

这个系统的参与方如下。

- 代码的创建（开源）：如何能正向激励让软件编写者没有作恶的动机？
- 项目的维护：如何让维护者在保证自身的利益情况下，不产生中心化？
- 系统安全维护（矿工）：如何能做到合理奖励，且更大范围的分布式结构？
- 使用方：如何让用户方便使用且保证资产安全？
- 投资者及社区：如何减少投机买卖，形成良性的社区文化？

因此这个理想的体系就通过合理的设计，让各方互相制约与发展，同时让系统外的作恶者无法从自己的作恶行为中获得收益。

从目前来讲，比特币网络还是比较合理地平衡了各方的资源。这其中重要的一点是，这个网络足够简单，所以外来攻击很难得逞。尽管大众质疑矿工的高度聚集化，但是还没有达到中心化的程度。我们也可以进一步思考，如果在投入了大量的财力后达到中心化再作恶，那么作恶者的损失肯定会非常巨大。为什么呢？因为这里除了财力投入外，另外一个确定的隐形损失是，一旦作恶成功，比特币网络也就不再可信，就可能会导致目前的高价值瞬间归零。从这一点来看，任何一个以利益为最终目的的个人或组织都没有任何动机去做这件事情。

虽然我们目前还会遇到这样或者那样的安全隐患，但是相信只要人类不断地积极探索，未来必然会有解决的方法。

第7章

加密经济学的未来

蒸汽机为人类解决了力量问题，互联网为人类解决了计算问题，区块链将会为人类解决信用问题。

区块链的出现直接改变了社会的生产关系，我们可以理解为资源被更公平地分配。这里公平的原因是规则的制定与执行脱离了中心化的组织，同时被对等网络的共识所替代。也正因为如此，我们在研究其社会影响时需要重新审视。加密经济也正是在这种全新的社区架构下提出的。

信任之所以一直没有被量化价值，是因为它看不见摸不着，只存在于人与人之间的认知里。但是信任的价值又是如此之大。好比小偷对社会的损害，不只是让受害者损失了财物、造成了不公平，更重要的是小偷的存在让整个社会的信任成本增加。

区块链在解决了基本的信任问题后，会给我们带来什么影响呢？我想可以从以下方面来推测：中间商服务将会慢慢消失，利益分配更加快速。

中间商之所以会存在，就是因为市场信息不对称，同时市场交易对手间缺乏信任。如果将这方面的服务放到链上，就会极大地提高陌生人之间的交易效率。比如，租赁市场、二手交易市场、虚拟物品市场等。

因为受信任的一方是智能合约而不是人，所以平台的运营成本很低，降下来的成本自然可以惠及买卖双方。也因为平台是受信任的，而且商品确权是明确的，更容易使人们做出交易决定，特别是相对大额的交易。

1. 共享经济将会进一步迸发活力

目前最成功的共享经济项目就是摩拜单车和滴滴出行。但是随着加密经济生态的发展，我相信这样的服务也将会被更新迭代。

通过区块链与物联网的结合，将来的共享出租车可能就会是这样的：

通过手机约了出租车，出租车是无人驾驶的，接上你后，你要输入目的地，通过系统计算出价格，等到了目的地，你付款然后车门打开，如果没法付款，那可能就得在车上好好待着了。房子也是一样，到了智能合约要收租的时候，如果你没有交租，则房锁失效。

这样，无论是对使用者还是出租者来说，都是非常省事的。最重要的是，不会再有什么财务分歧，因为都是约定好的，没有人能改变结果。

2. 爱好者社区管理

以后社会将会产生越来越多的细分社区，这些社区都存在自己独特的价值观。比如：跑步、健身、写作、音乐、电影、阅读……如何能让大家在更短时间内产生共识呢？很可能的情景是，社区有自己的 token，拥有符合社区本身的智能合约，在跑步社区里，通过特殊的设备记录运动的距离与时间，达标奖励，不达标罚款，或者直接清理出局。其实，这样将会是一个更合理和更加融洽的社团，因为对你实施奖励和惩罚的已经不是主观的个人，而是代码。

加密经济的生态发展将会更大地改变人与人之间的合作、团体与团体间的合作，甚至有可能是国家与国家之间的合作。因为所有的一切都是基于全新的社区形式存在的，我们在构建区块链基础构架的时候，需要更多地思考之前从来没有存在过的情况。

3．加密经济学的应用

目前已经有许多基于加密经济而设计的应用，在解决了区块链共识的根本性问题后，就能够在类似以太坊这样的区块链上搭建各种应用程序，组织和个人可以自行创造用来激励和惩罚的价值单位，并通过智能合约代码的形式来设计不同场景下的条件逻辑，以实现目前无法达到的结果。

比如，交易策略市场 Signals 通过加密经济机制可以发挥作用，Signals 使用它的本地代币 SGN 创建了一个奖励系统。任何一个投资者在制定交易策略的过程中都需要参考各种数据，这些数据往往是因人而异的：一些人可能需要行业动态的最新消息，而另外一些人则对历史数据情有独钟。

任何投资者都可以将自己认为重要并独有的数据上传到 Signals 平台，其他人在使用这些数据的时候需要支付一定的 SGN 代币。如果使用者通过数据制定了成功的交易策略，那么最初的数据上传者便可以实现"名利双收"，而如果事后证明这些数据是伪造或者没有实际意义的，那么上传者就会受到惩罚。

而上述机制同样适用于由投资者设计的交易策略，这便使去中心化的交易策略市场成为可能。

加密经济学也被用于设计代币销售或 ICO。而在一些火热的项目众筹中，经常会出现"大户包场、散户干瞪眼"的情况，即大户通过大幅度提高交易手续费进行包场，让普通用户没有机会参与，而代币的集中度越高，离众筹的出发点越远。

于是，为了更加公平地进行代币分配，有的项目使用"荷兰式拍卖"作为其代币拍卖的模型，荷兰式拍卖是指拍卖标的的竞价由高到低依次递减，直到第一个竞买人应价（达到或超过底价）时击槌成交的一种拍卖。这样就使得加密经济学应用到了拍卖这一领域。

不管是建立底层共识协议，还是设计更好的代币销售机制，都可以看作是加密经济。建立这些应用程序需要了解激励机制是如何影响用户行为的，还需要设计能够可靠地产生某种结果的经济机制，以及需要了解构建应用程序的底层区块链有哪些功能和限制。

当然也有许多区块链应用程序并不是加密经济学的产物。例如，Status 和 MetaMask，这些应用程序属于允许用户与以太坊区块链进行交互的钱包或平台。除了那些已经属于底层区块链的一部分加密经济之外，这些机制不涉及任何其他的加密经济机制。

结论

用加密经济学思考区块链空间有很大的帮助。一旦你对加密经济学有了一定的了解，就能化解许多争议和争论。

例如，中心化管理且不使用工作量证明的"许可链"自从首次提出以来就一直饱受争议，这一领域通常被称为"分布式账本技术"，专注于金融和企业用例。不少区块链技术的支持者不喜欢这种技术，这些"许可链"从字面上来看也是区块链，但其中的某些东西总是让人觉得怪怪的。"许可链"似乎在拒绝一个所有人都认为是区块链的重要内容：不依靠中央可信赖方或传统金融体系就能达成共识。

一个更简单的区分方法是看这个区块链是不是加密经济学的产物。只是简单的分布式账本，不依赖于加密经济学设计来达成共识或调整激励措施的区块链，对于某些应用可能有用。但它与使用密码学和经济激励来产生之前不存在共识的区块链（比如比特币和以太坊）是完全不同的。这是两种不同的技术。

其次，我们应该期待将来会有不依赖于"区块"和"链"的加密经济共识协议。显然，这种技术与区块链技术有一些共同之处，但是把它们称为区块链是不准确的。我们要着眼于看这样一个协议是否为加密经济学的产物，而不是看它是否为区块链。

ICO 的关注点也集中于这点区别，但很少有清楚的表述。许多人孤立地意识到代币的价值最强烈的表现之一，就是它构成了它所连接的应用程序的必要组成部分。

更确切地说，代币是否是应用程序中必要的加密经济机制的一部分？因此，了解持有 ICO 项目的机制设计，对于确定代币效用以及价值来讲至关重要。

过去的几年里，我们从只站在应用（比特币）的角度来思考这个新领域，转变到了从底层技术（区块链）的角度来思考。我们现在需要退一步，用统一的方法来看待这类解决方案，那就是：加密经济学。

参考链接：https://medium.com/14-media/making-sense-of-cryptoeconomics-c6455776669。

参考文献

[1] Josh Stark. Making Sense of Cryptoeconomics[EB/OL]. (2017-08-29). http://medium.com/14-media/making-sense-of-cryptoecono mics-C6455776669.

[2] Tendermint Team. Consensus Compare: Casper vs. Tendermint[EB/OL]. (2017-11-17). https://blog.cosmos.network/consensus-compare-casper-vs-tendermint-6dfl54ad56ae.

推荐阅读

区块链：定义未来金融与经济新格局

作者：张健 ISBN：978-7-111-54109-7 定价：49.00元

一本深入浅出，科学严谨的区块链专业著作。

国内领先的区块链查询及数据服务平台"区块"创始人张健倾情奉献。

以区块链技术为核心构建的价值互联网，将深刻改变未来的金融与经济格局。

区块链+：从全球50个案例看区块链的应用与未来

作者：杜均 等 ISBN：978-7-111-59118-4 定价：59.00元

从全球精选50个区块链应用的案例，案例涉及金融、能源、保险、智能物流、公共事务、工业制造、农业、医疗卫生、慈善公益、数字娱乐、只能交通，深入剖析区块链与各个行业的深度融合。

从商业模式到技术实现详细讲解！，从技术到实现，从商业模式到未来趋势，汇集知名区块链专家进行前瞻点评及深入解读。

Token经济入门与进阶

区块链与通证：重新定义未来商业生态

作者：杨昂然 黄乐军

Token经济入门书，孟岩、赵东、郭宇航等专家力荐。

本书从必备常识、生态系统、经济系统设计、监管政策和法律风险等5个维度构建了一个相对完整的区块链通证（Token）知识谱系，涵盖科技、经济和商业多个方面。理论层面，对通证的基本概念、定义、原理，以及通证经济系统的设计方法论进行了清晰梳理和详细讲解；实战层面，对多个案例进行了深入分析，在兼顾便于理解的同时，也能更好地指导读者进行通证化实践。

Token经济设计模式

作者：叶开

Token经济进阶书，元道等20余位来自币圈、链圈、学术界、媒体界、企业界、投资界的专家力荐。

这是一部Token经济系统设计的科学方法论，为新兴的区块链项目和传统产业的区块链升级提供理论和实践两个层面的指导。

作者是Token经济和传统产业数字化转型两个领域的资深专家，是先行者和实践派。在本书中，他发明了画布式Token设计方法，归纳出了一套系统的Token设计方法论，最后在二者的基础上总结出了10大Token经济设计模式。